頑固力

ブレないリーダー哲学

岡田彰布

角川SSC新書

構成／内匠宏幸
協力／スポーツタイムズ通信社
写真／小木野洋也

はじめに

正直に言う。

「まさか、こんなことになるとは…」

これが、偽りのない気持ちだ。シーズンの最後に選手たちに胴上げされることを夢見て戦ってきた。それがまさか、こんなかたちで胴上げされて終わりを迎えることになるとは、思いもしなかった。

野球は最後まで何が起きるかわからない。

それは自分の長い野球人生で理解しているはずのことだった。だが、まさか最後の最後に読売ジャイアンツとこんな熾烈なペナントレースを争い、逆転優勝を許すことになるとは…。ファンの方々には申し訳ないという気持ちしかない。

阪神タイガースに憧れ、阪神タイガースを愛し、永遠の阪神タイガースファンでもある私は、監督5年目の2008年を集大成の気持ちで、一つの決意を持って優勝に向かった。

「貫」

これをこの1年の自分のテーマにしていた。岡田の野球、岡田らしい野球、阪神の野球、阪神らしい野球。これを貫くことこそ、優勝への道…と信じて2008年に臨んだ。

頑固と呼ばれても構わない。ブレのない野球を続けること。過去4年、自分が目指した野球、自分が目指したチーム作りは間違いではなかった、という証を立てるために、阪神の野球を貫くことを決めた。

常に恐れを持ち、マイナス思考でゲームに臨み、どんな状況にも対処できるイメージを備えて戦ってきたつもりである。

しかし、13ゲームも引き離しながら、トップでゴールを切れなかった。

その責任は重い。

「そこまで責任を感じることはない」という声もいただいたが、自分は許せなかった。

勝負の世界はプロセスより結果。結果がすべての世界である。私の中で13ゲーム差を守れなかった責任、ファンの期待を裏切った責任は、辞めることで表現するしかなかった。

それが今回の辞任の理由のすべてである。

いろいろ詮索もされるが、それ以外に辞任の理由はない。勝敗の責任は、すべて指揮官にある。私は自分の信念に従っただけだ。

クライマックスシリーズもファーストステージで敗れた。せめて勝ち上がって巨人を破り、日本一に選手たちを導いてやりたかったが、それも叶わぬ夢に終わった。まさに天国から地獄…という表現がぴったりの1年だった。

だが、ファンの皆さんには最後まで多くの声援を送っていただいた。本当に感謝の気持ちでいっぱいである。

私の体中を染めるタイガース愛。それをわかっていただくため、この本を内匠宏幸さんの力を借りて書き下ろした。本当ならば、優勝監督として出版するのがベストではあったが、私は初めて、岡田彰布という人間のすべてをさらけ出すことにした。

突然の辞任で多くの人に迷惑もかけた。この場を借りて心からお詫びを申し上げたい。そして改めて記すが、岡田彰布はいつまでも「阪神ファン」である。これだけは一生、変わることのないものと思っている。

第30代阪神タイガース監督　岡田彰布

目次

第1章　常勝軍団への険しき道程

辞任を決意した瞬間

２００８年10月11日、横浜スタジアム。

私は、三塁ベンチ裏のロッカールームに、コーチ、選手、球団関係者に集まってもらった。この日はデーゲームで、その試合前だった。

「みんな、よく戦ってくれた。でも優勝は逃した。この責任は私にある。だから今季限りで監督を辞める。ここまでみんな、ありがとう」

これだけを伝えた。自分の意志をみんなに伝えたかった。

「辞任」

何も突発的なことではない。周囲から「それほど責任を感じることはない」といった声を掛けてもらった。しかし、これは決して覆すことのできない自分の決意である。それほど自分の中で、優勝できなかったことを重く受け止めていた。

10月10日、神宮球場で巨人がヤクルト・スワローズに勝った。この時点で巨人のマジックは「1」。横浜ベイスターズに我々が負けた時点で巨人の優勝が決まる。

序盤、金本知憲の2ラン、関本賢太郎のソロで3点のリードを奪った。勝てば夢をつなぐことができる。巨人が最終戦に負けて、残り2試合を我々が連勝すれば優勝できる。それを強く思い続けていたし、我々の得意の形に持ち込んで逃げ切れる、と信じていた。

だが、スコット・アッチソンが村田修一に逆転3ランを浴びた。下柳剛からアッチソン、そして藤川球児と継投は描いていたが、まさかの1球だった。ホームラン王を争っているバッターにインコースの真っ直ぐ。ベンチで思わず声が出た。アッチソンもリードした矢野輝弘も、いろいろ考えて選択した球だっただろうが、コースが甘くなり餌食になった。

その時、自分ではこう思った。

「打たれた投手、リードした捕手。逆転ホームランの責任を感じているだろうが、突き詰めれば、その選手を起用しているのは誰なんや。監督のオレやないか。責任は選手より起用した監督にある」

巨人がヤクルトに勝利してから17分後、我々は横浜に負けた。巨人の優勝が決まった。帰りのバスの中、私は「責任」の取り方だけをずっと考えていた。

横浜の宿舎に戻ってチーフコーチ兼打撃コーチの吉竹春樹、久保康生投手コーチ、木戸克彦作戦バッテリーコーチの3人を部屋に呼んだ。

彼らの前で辞任することを告げた。みんな一様に驚いていたし、考え直すようにとも言われた。でも自分で決めたことだし、こうも伝えた。

「何も今、決めたことやないで。前から考えていたことやから」

実は1カ月以上前から、優勝を逃がしたら辞めることを自分自身で決めていた。

巨人と13ゲーム差をつけて早々とマジックナンバーを点灯させた。優勝間違いなし、というムードがチーム内にあった。自分も確実に優勝できると思っていた。しかし巨人が追い上げてきて、その影が忍び寄ってきた9月の初め。逆に我々はとんでもないどん底の状態に落ちていた。

とにかく打てないのである。点を取っても1点か2点。チーム状態がいい時は、このわずかな得点でも先発投手が踏ん張り、中継ぎがしのぎ、藤川で逃げ切ることができた。だが一度狂った歯車は、元に戻すことがなかなかできなかった。打てない打線に加え、先発投手が早々と降板する。中継ぎも以前のような働きができなくなった。負の要素が一気に襲いかかってきた。

9月5日から始まった広島での3連戦。ここから恐怖感に襲われた。その時点では巨人にまだかなりの差をつけていた。危険な状態ではなかっただろうが、自分の中には危険信号が点灯した。頭から体に危険なシグナルが送られていた。

「このまま勝てんかもしれん」

正直、そう思った。長年、グラウンドで戦ってきた人間の持つ独特の感覚というのか、感性というのか、危機感を強く感じていた。

気心の知れた記者に思わず2人になった時に言ってしまった。

「10月に祝勝会やろうと言うてたけど、残念会に変わるかもしれんで」

その記者は驚いていたけれど、それほどの危機感が自分にはあった。

そんな状況でコーチも打開策をいろいろ考える。ある時、結果が出ない林威助《リンウェイツウ》について、チーフコーチの吉竹から相談があった。「外で特打させようと考えてますが…」というものだった。

私はシーズン中の特打はあまり賛成しない。でもそういう方策を施さない状況ならば仕方がない。ただ、関係者やマスコミが見守る中で、グラウンドで特別な時間を割いて打ち込むのは、どうか、と吉竹に伝えた。

自分の考えはそういうものなのだ。みんなが見ている前で特打しなければならぬほど選手は追い込まれている。打てるような状態ではない、ということをみんなに知らしめることになる。何もそういう状態をオープンにする必要はない。それが私の考え方である。選手への配慮は考えるべきなのである。

ただし、その時の状況は、そういうことまでさせなければならぬほどチーム全体が追い詰められていたわけである。

その広島遠征中に私は一つの決断をした。

「これで優勝できなかったら監督を辞める」

自分でそう決めた。そして、球団のフロントとごく一部の人間にそれを伝えた。伝えられた相手はそれほど深刻には考えていなかったと思う。あくまで仮定の話だし、まだまだ優勝の可能性が高かった状況だ。

「そんなことを言わずに、残りをがんばってくれ」と返されたが、自分では深刻な状況と、はっきり認識していた。

広島遠征から甲子園に戻った9月9日からのヤクルト3連戦。そこで奇跡的なことが起きた。３試合連続サヨナラ勝ち。現役時代、２試合連続サヨナラヒットを打った経験はあるが、３試合連続サヨナラ勝ちというのは初めて味わうものだった。

「これでまた勢いに乗れる」。そう思いたかったし、そうなることを信じた。しかし、試合の内容を分析すると、そうは甘くないことを思い知らされた。点が取れるのは初回と最後だけ。走者を出すのは2アウトから…勢いに乗り、上昇するような内容ではないのだ。

逆に、こんな状態でよく勝てた。そう思うことが、その後も多かった。ギリギリの状態で選手はよくやった。自分ではそう考えることしかできなかった。

ただ、自分にとっても、選手たちにとっても、支えと思えるものがあった。

一度も首位の座から落ちたことがない、という支えである。巨人が迫ってきて同率で首位に並ばれたことがあった。しかしそのあとも決して2位には落ちない。遅れを取るということは一度もなかった。それはかなり心強い支えであった。

だが、10月8日の東京ドームでの直接対決で巨人に負けた。これで初めて首位の座から滑り落ちた。開幕から１４１試合目。１４０試合、首位でいながら、残り4試合というところで2位に落ちた。この事実を自分としては重く受け止めていた。

04年から監督を務め、4位、優勝、2位、3位、2位だった。

「辞めるような成績ではないじゃないか」という声もあったし、10月14日に大阪市内のホテルの一室でお会いした坂井信也オーナーからも「あと2、3年、続けてくれないか」というありがたい話をいただいた。

しかし、まったく自分の気持ちは変わらなかった。

元々、自分はクライマックスシリーズに対しては否定的な考えを持っていた。これは、後の章で詳しく書くが、144試合を戦ってリーグ優勝を果たすことが、自分にとってはすべてなのだ。選手もそうだろう。そのために死に物狂いで1年を戦ってきたのだ。だから笑われるかもしれないが、今年、リーグ優勝を果たしたならば、「クライマックスシリーズは欠場したろか」…なんて冗談を言っていたほどだった。

なのに優勝に最も近いところにいながら果たせなかった、導けなかったという責任を非常に強く感じていた。確かに優勝を逃がす要因は、振り返ればいくつかあった。

北京五輪で主力の藤川、矢野、新井貴浩が抜けた頃から歯車が狂い始めた。新井に至っては、帰国後に骨折が判明し、五輪後も試合に復帰することができなかった。五輪前にわざわざ試合を休ませてコンディションを整えさせ、阪神からトレーナーまで特別に帯同させたというのに…。一体、何が起きていたのか。阪神のSDでもある星野仙一さんに説明を聞かせてもらい、しっかりと検証ができれば、チームにとっても今後の参考になると思う。

しかし、それを言えばすべて言い訳になる。

「初めからわかっていたこと。その期間は残った者でカバーする。そう決めていたことだし、オレはひと言もそれを言い訳の材料にしてない」

記者に聞かれても、そう繰り返した。

「辞める」という決意した最大の理由は、13ゲームも離していながら優勝できなかったことに尽きるし、それ以外に理由はみつからない。9月から考え、それが現実になった10月。この1カ月は食事も満足に食べることもできず、眠ることも辛かった。それほど13ゲームをひっくり返された事実は、強烈に胸に突き刺さった。

自分の責任論。こういう形で責任を取ることにいろいろな意見はあると思うが、それほど優勝というものが、我々野球人にとって最大の目標であり、何よりも重たいものなのだ。それだけはわかってもらいたい。

ＪＦＫはこうして生まれた

この5年間、私が行ってきたチーム作りについて振り返ってみたい。

阪神の必勝パターンは、言うまでもなくＪＦＫである。苦しい時期もあった。08年の優勝は果たせなかったが、３人ともよく耐えてくれた。

今だから明かせる話がある。

読者の皆さんは、まさか…と思われるだろうが、藤川は、03年に戦力外通告を受けるところだったのだ。今や球界を代表するストッパーの藤川が、である。

03年のオフ、実際に、フロント、現場も含め、そういう方針になりかけていた。先発で投げても力不足。プロに入って5年目が終わり、これでは先にメドが立たない、という判断が下ろうとしていた。

しかし、私は、藤川の特性を理解していたつもりだった。私は、2軍監督として藤川を先発に使っていた。けれど、いいピッチングはするが、最後までもたない。私の中で、ハッキリと一つの方針が生まれたのが、02年5月25日、有田球場で行われたウエスタントーナメントの中日ドラゴンズ戦である。重要な試合で藤川を先発させたのだが、案の定、90

球を超えたところでつかまった。1対0で勝っていたのだが、大豊泰昭に同点本塁打を打たれ、結局、敗れた。いいピッチングをするが、長いイニングになるとつかまる。

その時、私の中でのモヤモヤしていたものに結論が生まれ、藤川に、こう伝えた。

「もう先発はあきらめたほうがいいぞ」

短いイニングならば、あの三振を奪うことのできる真っ直ぐは武器になる。だから、藤川が大きく化ける道は中継ぎしかないと、この時、考えた。そのポジションなら藤川再生の何らかの道筋が見えてくるはずだと。私は、そのプランを温めていた。

04年、監督になって考えたのは、まず投手陣のブルペンをどうするかであった。ラッキーセブンという言葉が野球界にはあるが、なぜラッキーセブンと呼ぶのか。それは7回に野球が動くケースが多いからだ。先発投手の疲れ、打者が二巡し、データ的な傾向と対処がある程度つかめるなど、攻略するほうも、されるほうも、7回に一つの転機が生まれる。だから私は、7回重要主義をずっと唱えてきた。8回、9回のストッパーは当然だが、7回を抑える投手の役割が大きいと考えていた。

優勝した03年に、星野仙一さんは、安藤優也を中継ぎ、ジェフ・ウィリアムスを抑えに起用して、それがうまく機能した。私は、監督になって1年目、そのシステムは継続しながら、新たなシステムの構築を練っていた。安藤―ウィリアムスにプラスするさらなる一枚、つまり7回を抑える投手を作ることが急務だと思っていた。

04年にはアテネ五輪があり、安藤とウィリアムスが代表入りしてチームを離れる。この大きな戦力ダウンの期間を私は、逆に新たなブルペン構築の絶好の機会ではないかと思った。ブルペンを任せていたコーチの中西清起と話し合い、藤川と久保田智之、この2人にかけてみることにした。

それがＪＦＫ誕生の瞬間である。

藤川にはパワーがある。ストレートのスピードは図抜けていた。それも年々、蓄えてきたものである。野球の基本、投手の基本、それはやはりストレートにある。コントロールやテクニックも当然、投手が備えなければならぬ条件だが、それもスピードという不可欠な要素があってこそ、備わっていくもの。スピードボールを投げられるというのは、いわば天性の才能があるからだ。短いイニングなら藤川の瞬発力、スピードは十分に、いやそれ以上に通用する。それは2軍監督時代から見て感じていたものであり、間違いはない、と確信を持っていたプランを実行に移した。

久保田に関しては、中西と話し合っている中で、「タフなのは誰か」という条件にあてはまる投手として出てきた名前だ。監督やコーチは長いシーズンを考え、原則として投手に無理をさせたくない。だが、無理をさせる勝負どころの時期は必ずくるのである。そういう長期的視野で人選すると、久保田というピッチャーは連投、さらに長いイニングを投げられる体力と精神力を持ち合わせていた。

もっと言えば、連投、長いイニングを投げるたびに調子を上げるタイプ。こういう投手がいることは、実に心強い。それにあのマウンドの表情にも、闘志というのか、いい意味のふてぶてしさがある。まさにリリーフ向きだし、球児とは違った種類の球威のあるスピードボールを持っていることも、大きな強みだった。

1対0が理想の勝利

「理想の監督像は？」と聞かれたことがある。その時、私は即答している。

「ベンチで何もしないで、言葉も出さず、気がついたら1対0で勝っていた。そういうゲームができるチームの監督が理想」

もちろん勝負の世界だから、勝つのが最大の目的である。だから13対12でも勝てばいいわけだ。でも、じゃあ13対12の1点差勝ちと1対0の1点差勝ち、同じ1点差だけど、どちらがいいかと聞かれれば、私は1対0と言う。

この1対0には大きな意味がある。まず打線。1点しか奪えなかったのではなく、相手投手が抑えようと力投している状況で、1点を取ったのである。なんとかしようと考えた末に奪った1点はでかいし、この1点を守りきったところにチーム力が表われるのだ。

たかが1点と思われるかもしれないが、この1点を取る苦しさ、1点を守りきるプレッシャーは大変なものである。守りはどんな小さなミスも許されない。投手も無駄な四球は出せない。その状況で1点を守りきるのは、いかに投手力を含めたディフェンスがいいかを証明するようなもの。いわゆるチーム力を試されるわけで、私は、1対0で勝てるチームが強い、とそれを目指してきた。

要するに野球は守りである。極論するなら野球は投手力。これに尽きると考えている。野手出身だから打撃に執着していると思われるかもしれない。だが、そうは簡単に打てないのがわかっているから、勝つための方策として守りを強くする、というう結論になる。

１９８５年のタイガースは、打線を売り物にした。

チーム総本塁打数が２１９本である。甲子園というホームランの出にくい球場を本拠地にしてのこの数字。いかに打線がすごかったか。その中に身を置いた自分も、いまさらながら「すごかった」と振り返ってしまう。これほど打ち勝ったチームは珍しいと思う。だから「打力の優勝」というイメージは強烈にできあがった。

しかし、不思議なもので打線が投手を育てた。打ち勝っていくにつれて投手陣がいつの間にか安定してきた。少々の失点なら打線が必ず逆転してくれる。実際、そういう展開ばかりだったが、この心理的な要素が投手を成長させた。先発が最初から飛ばして投げる。5回まで3点に抑えれば、リードされていても打線が簡単にひっくり返した。すると先発に勝ち星がつく。後ろがしっかりしていたから、いけるところまで全力でいく。自然に勝ちパターンができあがり、投手陣が実に安定感を増した。

気持ちの問題というのか、勝ち星がつけば自信が湧く。それが次の登板に生きてくる。この繰り返しが大きい。打って勝つ、の裏には守って勝つ、の要素が隠れていたのである。

守備もよかった。内野は自分に、掛布雅之さん、平田勝男。要が木戸で、外野も真弓明信さんに、北村照文さん、吉竹。オフェンスばかりが目立ったシーズンだったが、守りもかなり強固だったという思いは、今も残っている。

そういう経験を積んだことが、私を守りの野球、1対0の野球論に走らせた。というのも私はバッター出身である。打者は、3割を打つと一流とされる。大雑把に言えば、1試合に4打席回ってきて、3打数1安打1四球で打率は3割3分3厘である。それを続ければ首位打者争いができる。これは昔、川上哲治さんがおっしゃっていた理論だ。ゲームの中で3回に1回、ヒットを打てば上出来。それが打撃である。

逆に言えば、7割は抑えられているのだ。打線は水ものと呼ばれるように、いくらチーム打率を高めても、4割にまでもっていくのは至難である。そのことは自分の経験則の中で認識した。

そうなれば、チームが勝つための方策の答えは簡単に出る。ディフェンスである。守備率は9割を楽に超えられる。そこに投手力。ここがしっかりすれば、安定した戦いが可能になってくる。負けない野球＝勝つ野球。チーム打率をアップさせるよりも守備力を向上させたほうが勝利に直結することは明白なのである。

今季の阪神は、1点差ゲームの勝率、延長戦での勝率が非常に高かった。それは偶然ではない。そういうチーム作りをしてきた結果なのだ。

とはいえ終盤は、この「1点」を取ることの難しさを痛感させられた。それが来季以降のテーマであることは、選手たちも分かっていると思う。

7回を制する者が試合を制する

守りの野球とは、センターラインの守備力強化もあるが、何より投手力をアップさせることである。先発ローテーションの人選と、投手の配置。私は、勝負のかかる7回以降に力点を置こうと考えた。そこで、JFKのプランができあがった。

タイガースの勝ちのパターンが決まる。7回までにリードを奪えば勝てる野球。そのためには、どういう展開に持ち込むか。それが明確になる。相手の考えも違ってくる。1点でもリードされて6、7回に進めば、また、あの3人が出てくる。そうなると、相手は6回までになんとかしようと慌てふためき、動きは早くなる。そう思わせて相手ベンチにプレッシャーをかけることは、非常に重要なことだった。心理的にも戦術的にも優位に立てるからだ。

04年がシステムの初期段階であり、本格的にＪＦＫの形を作ったのは05年だった。勝負の流れを左右する7回というイニング。ここを藤川に任せ、流れを絶対に食い止める。流れをタイガースに傾いたままにすることによって、主導権を常に握る。もちろん相手打線の右、左によって藤川とウィリアムスの起用法は多少、変化はしたが、この2人で形を整え、最後は久保田。藤川が80試合、ウィリアムスが75試合、久保田が68試合と3人が驚異的な登板数をこなしてくれた。マスコミもＪＦＫと報道し、紛れもなく阪神の勝ちの法則を確立できた。それが05年のリーグ優勝という結果に表われたのである。

その後、私はＪＦＫに変化を持たせた。それはセットアッパーとクローザーの違いを明確に見極めたからだ。最後を締めるクローザーという立場。そこを任せられる投手に必要なのは三振を取れることが大きな要素になる。それとともにメンタル面で求めたことがあった。それはクローザーは「臆病」、大阪弁で言う「びびり」でないと務まらないということだ。

恐れ知らずで常に思い切り向かっていく投手が、いかにもクローザータイプと思われがちだが、実は向いていない。最後を締めるのである。いつも、こうしたら打たれない、こうすれば抑えられる、力任せにいけばやられる…といった考えをマウンドで持ち、より慎重に対処できる投手。これがクローザーにはふさわしい。そういうリスクヘッジを常に考え細心の注意を払う投手でないと、ベンチも安心して最後を任せられないのだ。

藤川と久保田でその適性を見て、07年からは藤川を最後に置いた。順番でいえばＪＫＦ、もしくはＫＪＦ。この並びが理想に近い。ファンの皆さんならご存じかもしれないが、藤川のグラブには「本塁打厳禁」という文字が刻まれている。ただボールが速いだけではない。一発の怖さを知っている男なのだ。ただ藤川にも、何度か、そういう慎重さが消える瞬間があった。07年、優勝を争う終盤の大切な中日戦では、タイロン・ウッズに対してストレートばかりを投げ続けた。意地があったのだろうが、あの場面も変化球を投げれば抑えていただろう。それが投手の習性かもしれないが、相手はストレートだけに絞ってくるのだから、変化球を混ぜれば効果的なのだ。

今季もフォークを混ぜれば簡単に終われるのに、ストレートを続ける場面が目立った。

「臆病」であることを忘れずに、いかに変化球を使うかをバッテリーは頭に入れておけというアドバイスは続けた。

08年は北京五輪で藤川が抜け、久保田もウィリアムスも状態の変化が大きかった。それでもJFKというのが、阪神が戦ってきたスタイルであり、それを崩すことは考えられなかった。今でこそ他球団も後ろを投げる投手に力を注いでいるが、現代の野球の性格から、このシステムを先駆けて成功させたことには、大きな意義を感じている。

巨人に猛追され逆転された9、10月の闘いで「JFKを酷使している」という類の批判を受けた。しかし、私は、これには反論したい。常に彼らの疲労度などの状態を見ながら起用をしてきたし、彼らにとっては、その1球、1イニングが自らの年俸や評価をアップさせる生活の糧なのである。酷使という批判は見当違いである。

結果的に、私の監督としての最後の仕事は、クライマックスシリーズ・ファーストステージ最終戦の最終回に、藤川をマウンドへ送り出すことだった。藤川はウッズに直球勝負を挑み、ホームランを打たれた。そのことについては、何も言うことはない。あの場面では藤川しか考えられなかったし、すべての責任は起用した指揮官が負うべきである。むしろ、最後に藤川で終われてよかった、そう思っている。

殺される選手がいるなら、その補強は正しくない

チームを変えていく方法はいくつかある。現有戦力のレベルアップ、若い選手の育成。外国人選手の獲得、トレード、ＦＡ戦略…。これらをうまく組み合わせて、前年より強いチームを作っていきたい、というのが監督の本音である。

ただ、補強をするに当たって見誤ってはいけないのは、適材適所という基本である。具体的に選手の名前が挙がってのトレード、補強案が出ても、その選手を獲ることで、どれだけチームにメリットがあるのか、逆にデメリットはないのか…ということを徹底的に検討、検証しなければならない。

私は一人の選手を補強することで、殺される選手はいないか、をまず最初に考えることにしてきた。そして一人を補強することで、生かされる選手がいるかどうか、も併せて考えるようにしてきた。それが補強の大原則だ。

巨人がすさまじい補強を続けても、私は驚きもしなかったし、怖いという感覚も持たな

かった。果たしてタイムリーな補強であるのか。それを外側から見て、考える。大型補強のプラスと、その裏側にあるアンバランスな部分を考えれば、それほど大きくは変わらないし、圧倒的な力のあるチームになったという印象はまったく受けなかった。

それは、言葉は悪いが、補強によって殺された選手が何人かいたのでは…という思いがあったからだ（結果的にアレックス・ラミレスがいなければ、巨人はどうなっていたのかという思いもあるのだが…）。

長いシーズンを考えれば、絶対にバランスの整った補強が必要である。目先ではなく、どういうチームを作り、どういう戦いをしていくのかという明確なシーズンビジョンに沿って補強する。これだけは、見失わずに球団と検討する。そういうシステムが機能した結果、今季の補強は素晴らしい効力を示した、と自分なりには思っている。

補強は、球団の編成部の職域である。07年のオフ、球団編成部主導で濱中治のトレードが進められていた。オリックス・バファローズとの交渉が続いていると聞いていた。濱中の放出には、かなりの決断が必要である。人気選手だし、打つことに関しては、まだまだ可能性を秘めた選手だった。しかし、故障が多く、常に試合に出られるか、といえば疑問だった。特に守備では肩の故障もあってリスキーな部分がかなりあった。

濱中が、このまま阪神にとどまっていても、戦力が厚くなった現状では出番はかなり減るだろう。彼自身の身になって考えても、新しいチームで能力を発揮したほうがいいのではという思いが強かった。編成部主導でトレード交渉は水面下で続いていた。そして私は、濱中放出の報告を受けた時、一つだけ注文を出した。

「濱中を出すのはわかった。ただ交換要員は平野恵一。これだけはお願いする」

平野、新井の獲得は理想の補強

トレードは、本来、フロント編成部主導で行われねばならない。組織として、そのシステムは構築せねばならないが、まだまだ阪神は、そういう人材の不足もあって組織は未成熟である。過去に長期的視野に立てない目先のトレードを現場主導で行い失敗してきた悪しき例もあり、そういうフロント組織の構築が阪神の課題であった。ただ、現場の考えもある。

フロントの戦略と現場の意見をうまくすり合わせて、よりよい交渉にしていくのが理想である。私は相手がオリックスならば、ポイントは平野…と決めていた。

平野はチームを大きく変えられる選手というイメージが私の中にはあった。彼がもし阪神にきたなら、戦力に厚みが増し、さらに競い合う選手にプラスが生まれる。一人入ることにより、殺される選手は生まれず、生きてくる選手が生まれる。先にも触れたが、トレード補強の最大のメリットを備えた選手。そういう判断をしていた。だから譲れなかった。

ポジションがダブるといっても平野は内野と外野ができる。内野に関しては関本、藤本敦士の刺激にもなるし、今岡誠が復活すれば二塁を競い合わせ、平野を外野で起用できる。もし今岡の再生がうまく運ばなかったら、関本が三塁、そして平野が二塁。バリエーションが増え、多くの組み合わせで戦えるというプラスが十分に見込めた。

ラインアップ面でもプラスはあった。08年の1番は赤星憲広と決めていたが、2番は、未定だった。未定というより適任者の不在という問題に直面していた。昨年は関本を据えたが、3番に新井、4番に金本がいるわけだから、1、2番は足が速く、機動力を駆使できる並びにしたかった。高い出塁率の1、2番でかき回し、3、4番で返す。これが08年の打線のポイントと思っていたから、2番にあてはまる平野は絶対に欲しい選手だったわけである。

その意味でFAで新井を獲得できたのも、チーム事情に沿ったタイムリーな補強であった、と断言できる。新井の移籍が決まった時、どこを守らせ、何番を打たすか、が注目されていた。三塁、そして5番というイメージが先行していたが、私はまったく迷いなく3番、そして一塁と決めていた。FAするからといって誰でも獲得にいくわけではない。チームに必要か、そうではないか。この判断があって動くわけである。新井は、阪神に絶対必要な選手だった。

外国人や、ドラフト補強、トレード補強のいずれの手法を使っても、今の球界で右打ちのクリーンアップ候補を見つけるのは至難だ。外国人には、日本野球に適応できるかどうかの当たり外れがある。けれど新井は、広島時代に対戦相手としてじっくり研究している相手だから、計算が立った。彼がFA権を得ることがわかった時点で、強く球団に獲得を推した。

戦力をダブつかせるのではなく、まさに適材適所な補強。新井はそこにも、あてはまる選手だった。昨年まで広島で三塁を守っていたが、阪神に決まった時点でチームには今岡がいる。私は今季、今岡の5番、三塁に大きな期待を寄せていた。そこに新井がきた。三塁を競り合わせる？　これでは今岡が死ぬ。万が一、今岡が全盛期の打撃を取り返せなくとも今岡をカバーできる選手はいる。それは新井ではない。新井は一塁。アンディ・シーツが抜けた一塁には新井、と早くから決めていたし、打順も3番。1、2番がかなり攻撃的だから、走者を返せる3番として新井の打順を動かす気はまったくなかった。

果たして平野、新井の加入で、死んだ選手はいたか？　逆に生きた選手は？　こう考えれば08年の補強は、タイムリーなものと判断していただけると思う。

補強には弊害がつきものである。若い芽を摘む危険性をはらんでいる。伸び盛り、これからの成長力を見込める若手が、補強によってチャンスを失うケースは必ずある。しかし、それが、どこのポジションでも起きれば、チームの活性化は望めない。そこの見極めが重要になってくる。間違いなく新井と平野の加入でチームはある意味、大きな変貌を遂げた。それは何もゲーム、戦いだけのことでなく、彼らの野球に取り組む考え方、姿勢がチームに大きな刺激を与えたことも見逃してはならない。

要するに補強とは適材適所。これを間違わなければ、必ずチームに好影響をもたらす。

4番打者の条件

戦略においてスターティングラインアップの決定は重要だが、その決定経緯は監督によって、いろいろな思考スタイルがある。打線構成を考える時、どこから決めていくか。1番から順番に決めていくのか。それともクリーンアップから入るのか。

私は、まず「4番」を決める。03年の日本シリーズ中に星野さんから「次（の監督）はお前や」と言われてから、いろいろ考えた。このチームをどう強くしていくか。そこでまず私が真っ先に手がけたことが「4番・金本」という方針だった。

03年、星野さんは、FAで広島から移籍してきた金本を3番で起用した。そのシーズンの開幕戦の4番は濱中だった。星野さんは、金本を3番タイプと考えたのだろうし、実際、そのシーズンでは前を打つ赤星の盗塁をサポートするように、走るまで振らずに助けた。それはそれで機能したし、1番今岡、2番赤星、3番金本は大きな得点源になった。

だが、私は次期監督を伝えられ、真っ先に考えたのが金本の打順で、まったく迷いなく「4番」と決めることができた。まずここを決めて、脇を固める打順を決めていく。金本の4番を決定したら、あとは適正を判断して打順を決めていけばいい。簡単なことだった。

「4番を任す」と金本に直接、伝えたら、すんなり受け入れた。さらに「4番やから、全打席、ホームランを狙っていけ」と言うと、金本は笑っていた。

だけど、これは冗談で言ったわけではない。4番を打つのにふさわしいバッターを当然、4番に据えるわけだし、小細工せず、いつもホームランを狙う気持ちで打席に立て、というのは私の本音だった。

私の現役時代の4番は掛布さんだった。3番がランディ・バースで5番が私。その後、カケさんが引退し、私が4番を任されるようになるのだが、その時に感じて自分の中で決めたことがあった。4番の哲学とも言える信念だった。

まず、4番は常にゲームに出る。打線の軸として、責任を負えるような立場を理解する。精神的な強さを持続する。これらが4番の責務と考えた。

巨人もそうだろうが、阪神の4番というポジションは、非常にプレッシャーがかかる。それは阪神の4番の歴史が物語っている。田淵幸一さん、掛布さん、そして私と、4番が変遷していったのだが、いつも重圧と戦ってきた。そもそも4番は結果を残して当たり前なのだが、その当たり前のことをすれば、マスコミもファンも神様のように扱ってくれる。

その快感は言葉で表現できないほどの気持ちよさである。

だが、当たり前のことができずに期待を裏切った場合は…もう無茶苦茶である。その叩かれぶりは想像を絶する。天国から地獄だ。スポーツ新聞には「4番がすべて悪い」といった書かれ方をされるし、ファンの声もえげつないものだ。それらを背負って試合に出るのが、阪神の4番なのである。

そういう中で経験したことがある。やはりチームには柱というか、支える存在が必要なのである。そこにふさわしいのは常に試合に出続ける選手。そう思ったのは阪神での最後のシーズン、92、93年あたりだ。この頃、もちろん私は4番を打たなくなってたし、出場機会も大きく減った。そうなると自分ではチームを引っ張ろうとは考えていても、やはりできなかったのだ。

金本ほど4番にふさわしい男はいない

常に試合に出続けるという条件が、4番には求められる。その意味では、金本以上にふさわしいプレーヤーはいない。4番を任せられる力はもちろんのこと、試合に出続ける強さを持っている。これが重要なのだ。04年、金本に4番を打て、と伝えた背景には、世界記録に迫っていた連続イニング出場が示すような強さが彼にあったからだ。金本は休まない。力があって、出続けて、何より精神的な強さがある。4番というポジションに必要な条件をすべて備えたバッター。だから私は金本を4番に置くことを決めたのである。

06年にリプケンの世界記録を抜いた後も、連続試合フルイニング出場を続けている。それも4番で、である。試合に出続けるという絶対の条件をこなし、さらに4番にふさわしい力を見せる。何より私に「さあ、きょうの4番はどうするのか」という悩みを持たせないでくれた。

試合中、金本が、激しいプレーでどこかを痛めることもあった。「ヒヤッとしたでしょ?」と記者から聞かれたが、どう答えてもあてはまらない。実際、こちらがヒヤリとしたとしても、骨が折れようが、金本はそのまま試合に出続けるのである。私が監督になった04年から5年間。公式戦718試合を4番で打ち続けた。

彼は記録のためにプレーしている選手ではない。打つ、守る、走るの3つでチームに貢献している選手だ。そういう選手に対して、もはや、記録をこちらが気にして出場の可否を決める立場ではなかった。

いつか、この記録が止まる時はくるだろう。来季について、私は考えを言う立場ではなくなったが、もし、そういう場面がやってくれば金本自身が判断すればいいのではないか。これから先も、世界記録を更新していくだろうし、私も、それをネット裏から見守っていく。

鳥谷と心中する気など最初からなかった

「育てながら勝つ」

これは監督としての究極のテーマである。いつの時代も、監督という立場は、この難しい二つの課題をクリアすることを求められる。もちろん求められることは承知しているし、実際、この方針に向かって私は戦った。

阪神、そして巨人という人気球団は昔から勝つことが前提とされてきた。優勝争いすることが絶対条件で、その中で育てるというのは、やや矛盾した目的である。勝つことだけを目的にすれば、大きい補強を施し、単年単位で戦っていけばいい。カネを使い、豊富な人材をかき集める。そうすれば勝てるだろうし、監督は楽だ。

ただ、チームというのはそういうものではない。1シーズンだけ結果が出ればOK、という問題ではない。常に優勝を争えるチームを作る。中長期のビジョンがあり、そのためにいかに戦力を整えるのか、いかに育てるのか、という方針は不可欠なものなのである。

その方針を示す上で典型的な例を出すなら、鳥谷敬の獲得だろう。03年のドラフトで、早稲田大学から自由枠で阪神に入団した。他球団からも強い誘いを受けていたが、阪神にとって長期プランの基盤になる選手。どうしても獲得しなければならない選手であった。

しかし、1軍に抜擢しても結果が出ないと、周囲からいろいろなことを言われるし、マスコミにも叩かれる。けれど、04年に私は、そういうリスクを承知で、このルーキーを開幕スタメンで使った。4月2日の巨人戦。7番ショートで起用したのだが、その試合で鳥谷はプロ初ヒットを放っている。

だが、その後は、三振ばかりが目立ち、東京ドームから横浜へ移った開幕2カード目。結果がまったく出ないので、私は試合前に鳥谷を室内練習場に呼び、バッティングに関してのアドバイスを送った。そして、その試合からしばらくベンチスタートにした。

開幕からわずか5試合で、鳥谷を先発から外したのである。この処置に対して反響はあった。「まだプロとして力量不足。監督もそれを認めた」とか「当分、鳥谷の出番はない」とか。様々な見方がスポーツ紙に掲載された。

だが、私の意図はまったく違った。明らかにバッティングで欠点が見えていたので、それを矯正すれば必ず結果は残せると思っていたし、わずかだがプレッシャーを取り除いてやる時間を与えただけで、すぐにまた先発に戻して起用することは自分の気持ちの中にあった。そのプランを実行すると、今度は違った声が出てきた。

「早稲田の後輩だから…」とか「無理して使いすぎ。鳥谷に固執すれば、チームは崩れる」といった論調になった。

さらにある記者から直にこう問われた。「鳥谷と心中する気なのか？」と。これには参った。心中？　そんなことはさらさら考えていなかったし、その発想に驚いた。

「なんで鳥谷と心中せなアカンの。そんなこと、一切思ってないわ」

私はさらにこう付け加えた。

「なぜ鳥谷を使うか？　それは使う価値のある選手だからや。将来、チームを支えることのできる選手だから、オレは使う。ただそれだけのことよ。複雑なことではない。簡単に考えたらわかるやろ。そうなる選手と判断しているから。ただそれだけや」

どうして、大学の後輩だから可愛くて仕方がないという発想になるのか。そういう私情を挟み起用すれば、この先、どういうことになるかくらいはわかるだろう。

プロ野球の世界とは、あくまでグラウンドの中での力の判断。これが前提になければ、戦う集団としての組織は崩壊する。肉体的な強さ、高校、大学で培ったキャリアと実績、最も重要なショートというポジション。センターラインの強化は守りの野球を推し進める上で生命線である。守りを重視した野球になるチーム構想を考えれば、鳥谷の成長は絶対に欠くことのできないもの、と私は決めていた。だから使い続けた。

最初に結果が出なくても、起用していけば必ず数字を残すし、さらに先を見据えれば、この経験が大きな財産になると思っているから使うのだ。それがマスコミに理解されないところが不思議でさえあった。

繰り返すが、鳥谷に対して特別な感情はない。大学の後輩だから特別…というならチームは成り立たない。鳥谷をショートで使い続けることが、将来にどれほど有益な形で跳ね返ってくるか、それしか考えていなかった。明快な結論と私は思っているが、理解してもらうまで、かなりの時間を費やした。

若手を使うことは勇気のいることではある。ただ、それを恐れていたら、どうしても安全策に走ってしまう。目の前を見ながら、そのずっと先も見据える。これを両立させる難しさは相当だが、雑音に耳を貸さず、やはり信念というか、間違っていないという強い意志がないと改革はできない。

実際、鳥谷は１年目こそ１０１試合の出場にとどまったが、２年目からは全試合に出場している。ショートというポジションで全試合に出るということは今の野球では大変なことである。

肉体的な強さとともに、精神力も強く、まだ物足りなさを残すものの、この5年で大きく成長した、と私は評価している。まだ27歳である。センターラインを任せる選手であり、これから先10年は十分、ショートで働けるだろう。それがチームの将来に通じるのだ。

金本を４番に決めた理由と似通っているのだが、力とともにずっと試合に出続ける選手というのは、チームの柱になれる。鳥谷は将来、そういう選手になる…と判断したから起用してきたわけで、どれだけ起用法をあれこれ言われても、私はまったく揺るがなかった。心中する気はなかったが、決して間違いではなかった、という思いは強い。

阪神に敗戦処理投手はいない

将来を見据える意味では、左腕、岩田稔の抜擢も、そうだった。今季開幕第2戦での先発にマスコミも驚いたようだが、彼は先発陣の一角を実力で奪いとって、10勝10敗、防御率3・28の成績を残し、チームに大きく貢献した。

05年の大学・社会人のドラフトで関西大学から入団した希望枠選手。けれど、07年までの2年間で、わずか5試合しか1軍登板機会のない投手だった。しかし、私は、07年秋のキャンプの岩田を見た時から08年は先発で使う構想を抱いていた。

投手の判断は、私が打者なら、この投手は攻略できるのかできないのか、というバッターボックスからの目線である。その意味で、あのスライダーとカットボールは間違いなく1軍で通用すると思った。

けれど、これまで岩田はインシュリン注射が欠かせない糖尿病という持病を抱えていて、プロに入っても、まともに練習ができていなかった。キャンプのメニューも消化できないのである。それが、プロで2年のシーズンを終えた秋のキャンプから、ようやく練習ができるように身体がケアされてきた。こうなれば戦力としても計算が立つと考えたのである。

春のキャンプも順調に過ぎ、オープン戦でも結果を出した。けれど、開幕直前、投手コーチから出された開幕からのローテーション表に岩田の名前はなかった。コーチ陣も岩田を評価していたのだが、まだ、いきなりの先発起用は冒険と感じたのだろう。中継ぎから慣れさせるという考えや、できる限りリスクを負いたくないというコーチの気持ちも理解できなくはない。けれど、チャレンジしなければ、チームに刺激も与えられないし、将来を見据えた育成はできないではないか。

私は、すぐさま第2戦の先発に岩田の名前を書き入れ、もう一度、ローテーションを再検討せよと投手コーチに差し戻した。若手の成長とは、すなわち、その力量を見極め、へたに触らず長所を伸ばし、チャンスを与えることである。それはチームとしても、監督としても大切なチャレンジなのだ。

私は基本的にチームには敗戦処理投手を置かない。選手にも「うちの1軍投手スタッフには敗戦処理はおらん」と、ハッキリと言った。

実際は、年間50敗以上はするわけだから、負けている展開で出る投手は存在する。ご存じの通り、JFKが勝ちゲームでは登板するのだから、負けている展開でいかに頑張るかという投手が必要だ。

けれど、その投手は、阪神タイガースにおいては立派なセットアッパーである。阪神打線にはあきらめがない。シーズン終盤こそ、打線が機能せずに点を取れずに苦しんだが、2、3点差の展開で我慢してくれれば、そこから逆転するケースは少なくなかった。逆転を呼ぶために我慢してもらう投手なわけだ。敗戦処理無きチームという発想は、若手が中継ぎからチャンスを手にするというモチベーションにも大きく影響すると思っている。

野手では、林に期待していたが、故障で出遅れた。交流戦からようやくDHで復帰したが、故障を引きずり結果はついてこなかった。

07年から林をクリーンアップに抜擢した。あのパワーとパンチ、遠くへ飛ばせる力には天性のものがある。しかも、ストレートにも変化球にも対応できる柔軟さ、懐の深さを持った左打者だ。将来の4番候補の一人だと考えていたのだが、故障が続く。

先にも書いたが、私は、4番には出場し続けるという強さを求めている。林が故障に弱い選手というのは辛かった。林が大きくブレイクするシーズンになると期待していただけに、来季の奮起に期待したいところである。

今岡の不振と復活

今年の9月11日、2軍の本拠地である鳴尾浜で練習している今岡に電話を入れた。

「今日から上に上がってこいよ」

伝えたのはそれだけだった。多くの言葉はいらない。私は、そう思ったし、連絡を受けた今岡もそうだったはずである。2軍に行ってから3カ月、1軍に上げるタイミングはこしかないと私は考えていたし、その日が、今岡の誕生日だということは知っていた。

え？　誕生日？　聞く人からすれば、まったくプロらしくない発想かもしれない。だが、そこは単純に考えればいい。野球選手は、案外そういうものだ。節目を大事にするし、キッカケが欲しい。その一つが誕生日。これもタイミングなのだ。前日の試合で関本がヒジに死球を食らい、ゲームには出られない状況だった。

新井もいない中で内野を守れる右バッターとなれば、今岡しかいない。ただ、2軍からの報告では、まだまだいい状態には戻っていないということだった。しかし、今岡くらいの打者になれば、そういった状態のよさ、悪さで判断できないものがある。

2軍では打てなくても1軍に戻れば違った結果を出す。逆に2軍でいくら打っても、1軍ではからっきしダメというタイプもいる。不思議なものだが、やはり経験とかモチベーションの差がクッキリと出る。今岡が2軍で結果が出せていないと聞いていたが、まったくそれは問題にはしなかった。

1軍に上がった夜。いきなり、ヤクルト戦で3番三塁として先発出場させた。球場全体が先発発表の時点で盛り上がった。私は1軍に上げてベンチスタートさせる気はまったくなかった。起用するなら先発。そのために上げているのだ。旬を逃がしたらアカンのだ。

3カ月ぶりの1軍ですぐスタメン。今岡の気持ちは高まる。起用する側としては、これを考える。すると1回の初打席でいきなり2ランを放った。今岡はうれしかっただろうが、こちらもそうだ。最後は今岡が四球を選んでサヨナラ勝ちになったが、まあ今岡に始まり、今岡で終わるというのは、ベンチにいてわかっていた。そういう日だった。

今岡は96年のドラフト1位で東洋大学から超大型内野手として阪神に入団した。当時の監督だった吉田義男さんは今岡を1年目から起用して、順調に成長していったと思う。ところが監督が野村克也さんに代わってからおかしくなった。その頃、私は2軍監督だったが、「野村さんは今岡を嫌っている」という話が伝わってきた。

今岡のプレースタイルが嫌だったんだろう。二塁を守っていたのだが、球際が弱くて頭から飛び込んで打球に食らいつく、といったプレーがない。足も遅いし、それを補う気持ちを出さない。バッティングでもそうで、犠牲的精神がないように映る。好きに打ち、何も考えない。そういうイメージが野村さんには受け入れられなかったのだろう。今岡自身、口数も少なく、気合というのか、そういうものを表に出さないタイプ。野村さんとは嚙み合うわけはなかった。

00年には2軍に落とされた。野村さんに酷評され、さすがに今岡はかなり精神的にダメージを受けていた。2軍監督だったから、それはすぐにわかった。だけどそういう時に、作ったような言葉や励ましはムダだと私は思っている。言葉ではなく、やるべきことをさせる。その意味をわからせ、その気持ちを持続させてやること。こういう場合に必要なのは、そういう処方だと考えている。

「気持ちを切らすなよ。耐えなければアカンぞ」

それくらいしか言葉はかけなかった。要はずっと動きを見てやること。これが重要なのだ。どうして1軍の監督に嫌われたのか。自分のプレーのどこが悪いのか。いろいろ考えるだろうが、それよりもまず、前を向かせてやること。そういう接し方を今岡には続けた。

野村さんと今岡の関係は、結局改善されぬまま、監督は星野さんに代わった。それまでの環境がガラリと変わった。蓄えられたマグマが一気に爆発したように、今岡はよみがえった。03年、1番を打ち、首位打者を獲得した。選手をその気にさせる星野さんのうまさはさすがだと思ったし、それに応えた今岡はやはり力があった、と改めて感じた。

05年、私が監督になった2年目。今岡に金本の後ろを打たせた。5番打者として147打点。打点王のタイトルを獲得した。こちらが狙った通りのバッティングをしてくれたし、これから先何年かは、金本、今岡の4、5番で戦える、という手応えは十分にあった。

ところが…。これほど急激に落ちるものなのか、というほど06年から精彩を欠いた。故障が増えバッティングも守備もおかしくなってしまった。その繰り返しが続いた。なぜ、こうなったのか。こちらも考えた。気持ちの問題？　体力的な問題？　要因はいろいろと考えられるが、それでも今岡の復活、再生がチームには不可欠という気持ちには変わりなかった。

2度の優勝、2度のタイトルで満足したのか…。そこまで考えながら、08年、あえて2月のキャンプの段階から「ウチには新戦力がいる。今岡よ」とスポーツ紙にそう言い続けた。もちろん5番を任せる。新井3番、金本4番、今岡5番。これでいけると思っていた。何より新井に三塁ではなく一塁を守らせたのは、今岡の復活を頭に描いていたからだ。新井を三塁にすれば、今岡は死んでしまう。だから新井は一塁。これしかなかった。

だけどうまく運ばなかった。今岡には納得させるまで5番を打たせたが、もうバラバラな状態で、これでは打てないと最終的に判断して2軍にいかせた。ここから5番探しが始まり、苦しんだ時期が長く続いた。今季、最も大きな誤算は今岡の復活がならなかったことだ。最後の最後に1軍合流した今岡は、一時的には打線に刺激を与えてくれたが、巨人を引き離す大きな起爆剤とはならなかった。

来季こそが今岡の正念場となるだろう。それしか今は言えない。

第2章　指揮官の心得

監督はマウンドへ行くべからず

私の持論の一つに、監督はマウンドに行くべきではないとの考え方がある。マウンドに行き、投手、もしくはバッテリーにアドバイスを送るのは監督ではなく、ピッチングコーチの仕事である。〝任せる〟というキーワードが監督とコーチの信頼につながるのだ。

その仕事を奪えば監督が一から十まで全部やらねばならなくなるだろう。中日の落合博満監督は逆だ。08年のオールスター戦の時もマウンドに行った。いきなりの行動だったので巨人の原辰徳監督とベンチでお互い目を丸くしたものだ。あのやり方は相容れない。プレーする主役は選手なのだから、監督は目立つべきではないのだ。

しかし、そういう私も過去に2度だけピンチにマウンドに行き、檄を飛ばしている。

一度目は、優勝した05年の9月7日、ナゴヤドームでの中日戦だ。2位の中日が2ゲーム差で追ってきていた首位決戦。9回に中村豊が絶妙のタッチでホームに突入したプレーをアウトと判定された。さらに、その裏、二塁ゴロで本塁にヘッドスライディングしたアレックス・オチョアの完全なアウトを逆にセーフとされた。

大事な決戦での2度に及ぶミスジャッジに納得のいかない私は、抗議のため選手を全員ベンチに引き上げさせた。もうこうなれば、全責任は私にある。同点とされ、さらに、サヨナラ負けのピンチに私は、マウンドに行き、久保田に「この試合の責任は全部オレにある。もうかまへんから。むちゃくちゃやったれ！」と伝えた。

私は、本来、常に最悪のケースを想定している。言わばマイナスからのスタートを考えているわけだ。指揮官はプラス思考ではいけないとも考えている。久保田も、もちろん、抑えなければ、抑えなければと、マイナスの発想でいる。

ストッパーは、その心構えでいい。けれど、ここは彼のマイナス思考の部分を取り除いてやらねばと思った。時には細心な準備が、腕を萎縮させて球威を失わせたり、配球が安全策に傾くケースもある。

私が「むちゃくちゃやったれ！」と言ったことで、久保田は「負けても監督が責任をとってくれる。打たれても自分は悪くない」と思っただろう。プレッシャーがなくなれば、大胆な配球と球威を生み出すことになり、絶体絶命の危機も脱することができるのではないかと私は考えた。そしてこの試合は、ペナントレースを制する意味で重要な意味を持つ試合であるとも思っていた。

久保田は、代打・渡辺博幸、ウッズを連続三振に打ち取った。試合は延長にもつれ、中村豊のホームランで勝利をもぎ取った。監督が、本来の職の枠を超えて指揮を執らねばならない試合は、長いシーズンの中には、何試合かあって、これはまさに、その試合だった。

2度目は、今季の7月18日、これもまた中日戦である。1点リードで迎えた9回。藤川が二死一、三塁のピンチを作り、代打・立浪和義が告げられたところで、私はマウンドに行った。

「お前に任せた。同点も逆転も一緒や。中途半端だけすんなや」

そう藤川に伝えた。敬遠策も考えていた藤川はビックリしたらしいが、あそこは、そういう精神状態でいると、やられる場面である。ここもまた、マイナス要素を取り払う必要のある局面だった。長いシーズンを見据えてライバルとなるのは戦力で言えば間違いなく巨人である。しかし、中日は、その前に蹴落としておかねばならない相手だ。阪神の勝ちパターンをここで崩されてしまう悪影響は、ただの1敗で収まらない。私は、ここも、重要な試合と位置づけていた。

けれど、本来こういうマウンドパフォーマンスは、私には似合わないし、決して好きな行為ではない。こんなことせずに済むのが、リスク派の私にすればベスト。監督が、パフォーマンスでマウンドに行くべきではないという信念は揺るがない。

バントが有効かどうかは陣容による

私が監督に就任した04年は、戦術的にバントをほとんどと言っていいほど使わなかった。そのことが多くの評論家の方々から批判を受けた。色がないとか、何もしない監督とか…野球の本質をわかっていない人が、こんなにも多いのかとガッカリしたものだ。

ところが今季、阪神はリーグ№1の犠打数であることから「岡田の考えが変わった」と言われる。けれど、これも間違いである。私の考えが変わったのではない。チームの陣容が変わり、阪神タイガースのストロングポイントを最大限に生かせる確率を追求すれば、必然、バント戦略が増えただけの話である。

巷では、私が「セイバーメトリクス」の戦略を用いていると噂されていたらしいが、正しく言えば、それは間違いである。

オークランド・アスレチックスのGM、ビリー・ビーンの球団運営手法をまとめた『マネー・ボール』という著書の中で紹介され、日本でも有名になった。

「セイバーメトリクス」という、これまでの打率や打点のような表面上の数字ではなく、出塁率（OBP）や、あらゆるケースでの「出塁率＋長打率（SLG）」（OPS）、「出塁率×長打率」＝打者得点率（BRA）などの確率をあぶりだした新思考戦略と言われる確率論がメジャーにはある。けれど、こういう文献の存在や、そういう細かい理論を知ったのは後からで、私は、その種の本を読んでもいない。

終わってみれば、私が実践した野球が、少し、セイバーメトリクスを使った野球に重なっていたのである。これは一つの簡単な例だが、無死一塁から一死二塁となり、得点につながる確率は、バントで一死二塁にするよりも、進塁打で二塁へ進めたほうが高い。

そして何より、バントとは、一つのアウトを相手に献上する行為である。見方を変えれば、守備側は労せずしてアウトを一つ増やしたということ。守備側にアドバンテージを与える行為とも考えられる。ゲームの序盤、中盤、終盤と状況において考え方や確率は違ってくるのだが、基本的には、「なんで一つアウトをやるのん」という思いが根底にある。

しかし、シーズンの序盤、中盤、終盤という状況に応じてバントの必要性も生まれるし、相手投手、こちらの投手の力量や、打線の状態を見極めながら、勝負となる得点を計算し、バントが必要になるケースもあるのだ。

今季は、２番に入る関本、平野の犠打がリーグトップであることからわかるように、私はバントを多用した。最大の理由は陣容の変化である。

もっと具体的に言えば、３番に新井が入った意義が大きい。07年までの３番は得点圏打率の低いシーツである。新井の得点圏での信頼の高さに加え、金本と続く、３、４番の前でスコアリングポジションにランナーを進めておくことで、相手投手にかかるプレッシャーが違ってくる。それは、配球ミスや、コントロールミスにもつながり、必然、得点率は高くなるのだ。

関本が日本タイ記録となる４犠打を記録した６月17日の交流戦、東北楽天ゴールデンイーグルス戦では、そのうち２つが得点につながった。

チーム戦力や状況を見極めながら、あくまでも柔軟に確率の高い戦術を選択することが大事なのである。

スクイズのサインは出さない

しかし、バントはバントでもスクイズは別だ。私は、スクイズのサインは出さない。いや、出せないと言ったほうがいいのかもしれない。私から三塁コーチへ、三塁コーチから走者、打者へ渡るサイン。その「次のボールでスクイズをやらねばならない」というプレッシャーはえげつないものだ。

正直、選手にそんな気持ちにさせたくはない。

実は、北陽高校時代の松岡英孝監督が、スクイズを出さない監督だった。サインも、バント、盗塁、バントエンドラン、ヒットエンドランの4つしかない。確か片手で出すような簡単なサインだった。自分で考える。そういう野球スタイルが高校時代から身についていたことも影響している。

スクイズ嫌いが決定的になったのは、03年5月6日、ナゴヤドームでの中日戦だ。2点を追いかける5回一死二、三塁で、星野さんが、井川慶にスクイズのサインを2球連続で出したことがある。私は当時、三塁コーチで最終的なサインを出す立場にいたのだが、心臓はバクバクだった。相手ベンチにサインを見破られずに出すことが、非常に困難だった。

それは、受けた打者も走者も同じだったと思う。見破られる確率の高い作戦は避けたほうがいい。今後、こんな思いを選手やコーチにはさせられないと、そこで再度決断したものだ。

結果、井川は、最初はファウルしたものの、次の顔面あたりにきたボールをバットを立てて見事に転がし、スクイズに成功。試合にも勝利することになったのだが、それでも私はスクイズほど嫌なものはないと思った。

しかし私は監督に就任して2度だけ、スクイズを試みている。よく覚えているのは、首位の中日に４・５ゲーム差に迫った06年9月13日の広島戦の8回一死一、三塁で、関本にセーフティー気味にスクイズをやらせて失敗したことだ。これは、次のボールで三塁走者がスタートを切るのではなく、バントが転がった時点で、ＧＯという約束のサインで通常のスクイズではない。転がったゴロが投手の正面となって失敗したのだが、もう少し左右に振れていれば狙い通りだった。

それでも私は、スクイズのサインは出したくないと再認識したのである。

代打の起用には細心の気配りを

八木裕に今季の桧山進次郎。阪神には〝代打の神様〟と呼ばれ、ゲームを左右する1打席で、まさに神がかり的な勝負強さを見せた打者が何人かいる。

しかし思えば、私の現役時代は絶対に代打のタイプではなかった。とにかく相手に球数を投げさせて、じっくり配球を読んで打つタイプだった。1試合の3打席、4打席立った中で、結果を出す。そういう打者だったと思う。1球目よりも3、4球目。1打席目より3、4打席目。そのほうが配球を読めるのである。

2ストライクを取られても、三振しない自信はあった。大学時代からそうだったが、追い込まれても焦らないし、逆にそれまで投手の球、配球を多く観察できたのだから打てると思っていた。

初球というのは相手のピッチャーは、選択肢はある意味無限だ。カーブでもスライダーでもストレートでも何でも投げることのできるカウントだ。だから、そこを読んで狙うのは難しい。これは確率の問題だが、球数が増えれば増えるほど相手が投げてくる球が読めてくる。たとえ2ストライクを取られて追い込まれても三振しない自信があった理由は、配球が読めているからである。いざカウントを追い込まれ三振を奪いにくる球となれば、2種類くらいに絞られてくるのだ。

一つの打席の中で、そんな具合だから打席が重なってくれば、相手投手の配球がほとんど読めてくる。こういう打撃論というのは、これまでの野球人生を通して身に染みついた習性みたいなものだと思う。それゆえ92、93年は代打専門でしか出場機会がなかった自分としては野球をした気がしなかった。

監督になり戦術の一つとして代打起用は当然、考える。今季中盤までは、本当に代打の的中率は高かった。それだけ力のある代打がそろっていたし、勝負をかけられるバッターがベンチにいた。彼らも試合の流れを理解し、そろそろ出番がくるということを自ら察知し、その打席に向けた準備を図る。これも代打として身についた習性なのだろうが、特に桧山の働きは素晴らしかった。

繰り返すが、私は1打席で勝負できるタイプではなかった。代打に出れば配球を考えている時間があまりにも少ない。私みたいなタイプはやはり代打には不向きなのだろう。その点、桧山はその1打席に集中できるタイプだ。どういう球がきても、対応できる能力があるし、読みではなく集中力でミートする。

けれど、代打であろうが、4打席で勝負するタイプであろうが、打者というのは非常にデリケートな面を持ち合わせている。これは自分自身、経験してきたもので、いくら調子がよくても1試合で変わる、いや1打席で変わるかもしれないという繊細な要素が打撃というものには含まれている。

好調の波というのは長くて1カ月続くかどうか。1年を通して、ずっと好調をキープすることは、あり得ない話である。高い波から落ちていくには、もちろん原因はある。例えば対戦成績で相性の悪い投手と当たり、そのデータ通りに抑えられたりすると、それを引きずり、次の試合からまったくイメージ通りの打撃ができなくなる。こういうケースは、ほとんどのバッターが経験してきたはずである。

バッターはデリケート

だから私は桧山の起用法には気をつかった。というより、どんな状況でも、チャンスなら桧山というワンパターンを避けた。ここは誰が考えても桧山の出番、の雰囲気があっても、私はあえて桧山を起用しなかったことがある。

試合後「なぜ、桧山ではなかったのか？」と記者に問われると「なんで？　打てるバッターが１打席のために打てなくなったらどうするの。そういうことよ」と答えているはずである。

バッターとはこういうものなのだ。レギュラーで毎試合出場して４打席立つ選手とは違い、代打は試合の中の１打席が勝負である。４打席なら修正はきくが、代打にはその猶予がない。となれば、常に自信を持って打席に立てるような環境、状況を作らねばならない。それがベンチの仕事である。まして、桧山のように打てばチームの士気が上がる選手ならば、なおさらだ。

代打が出るという展開は、いわゆる山場、勝負所がほとんどである。勝敗の分岐点だから相手もこちらの動きを見る。代打の顔ぶれや相性、調子などを見ながら継投を考える。それは逆に攻める側にも同じことが言える。

読み合い、探り合いがそこにあるのだが、例えば桧山が苦手としているピッチャーが出てきたとする。どう考えても「代打桧山」という場面であっても、私は桧山の名前を告げないこともあった。それは右対左、左対左といった関係ではなく、それまでのデータ、桧山の状態、相手の調子を考え、このピッチャーなら、桧山でも打てない、と判断すれば、代打に起用しないのである。

もっと言うなら、桧山の苦手とする投手がマウンドを降りるまでは、あえてほかの選手を代打に送ることもあった。相手のピッチングスタッフを計算し、最高の場面まで桧山を温存したのだ。

ベースには「バッターはデリケート」という私の考えがあるからだ。桧山という大切な代打の切り札を、たった1打席のことで調子を落とさせたくないのだ。打てない確率が高いとわかっているのに、あえて起用して結果が予想通り出なかったとする。その試合はそれで過ぎ去るが、桧山の調子がたった1打席で大きく狂うことが必ずある。

それは結果ではないのだ。後に尾を引く打席のほうが重要ということで、目の前のチャンスをつかみにいって大きなものを失うリスクを、私は絶対に避けるべき、という考えを持っている。

たかが1打席で…と思われるかもしれないが、バッターというのは、1球、1打席でヒントをつかむ反面、1球、1打席でこれまでの状態のよさを一度に失うことがあるのだ。目の前の勝利を取りにいくか、それとも我慢して先を考えるか。監督というものは、ついつい目先の勝利に目を奪われるものだが、長いペナントレースでは、その我慢が大きく左右する。特に代打、継投というのは、そこを配慮する。身に染みついたバッターの習性を自分自身で経験しているからわかるのだ。

いつもいい状態、いつも力を発揮できるような状態をキープしてやることがベンチワークといえる。今季の中盤までは桧山、葛城育郎、高橋光信らが代打で高い確率を弾きだした。だが、終盤の巨人とのデッドヒートの中では、桧山のバットも湿った。優勝争いのプレッシャーが、「デリケートなバッター」の調子に影響を与えたのかもしれない。

原監督は面白いのか？

巨人とのシーズン最後の3連戦を3連敗で終えたバスの中で、私はチームの現状を把握し直そうと、頭の中でもう一度、グルグルとシミュレーションを繰り返していた。

阪神というチームの現状を一番知っているのは、一番近くにいる私である。チームが今、どういう状態にあるか。

負けが込む可能性のある状況…それが、巨人戦を前にした阪神の状態だった。

だから、私は、この3連戦、勝てそうな展開になった試合だけは何が何でも勝ちにいくという戦略を練っていた。一つ勝てば、御の字だと読んでいた。福原忍をブルペンで用意させたのもそういうことである。ただ、指揮官が、こういう天王山を前に「一つでええ」なんて言葉を出しては決してならない。戦う集団としてやってはならない行為である。

負けの計算は、胸中だけでいい。3連敗のショックがないといえば嘘になるが、そういう最悪の事態は折り込み済みだった。

「これで、巨人との一騎打ちになった」

私は、そう試合後にコメントした。

巨人が阪神の永遠のライバルである時代は終わったと思っている。確かに江川卓さん、山倉和博さん、篠塚和典さんらがいた時代の巨人は、強かった。メンバーも素晴らしかった。けれど、私は当時から、「巨人にだけは勝て、巨人の1勝だけは違う」とフロントや指導者から言われ、反感を持っていたものである。極端な話、対巨人26勝をして、後は全敗でペナントレースを終えていいのかと。

阪神が弱かった暗黒時代は、早々に優勝の可能性は消え、巨人戦でしか阪神の存在感を示せなかった。ファンに喜んでもらう機会はそこしかなかった。だから、そういう対巨人至上主義的な考え方が出てきてもおかしくないのだが、今は違う。巨人に特別な感情はないのだ。

ただ、巨人のやり方を見ていて、原監督は、本当に面白いのかなと思う時がある。07年の投手、打撃部門のタイトルホルダーをごっそりカネで買い漁ってきたチーム戦力。それこそ、ベンチは何もやることがないチームではないか。私は、そういうチームの指揮は執りたくない。

原は年齢で言えば1年後輩である。前回、志半ばで監督を辞めた時に「次に監督をやる前に、ファームの監督をやってみてはどうか」という話をしたことがある。そして後日、原監督が、２軍監督の話を巨人のフロントに持ちかけたと聞いた。

自分に置き換えてみて、ファームで選手を育てるなどして視野を広げることが、次の監督となった時に指揮官としての幅を広げると思ったのである。結局、２軍監督を経験することなく原は再び巨人の監督となった。だからだろうか。敵のベンチにいて原監督に怖さはなかった。これは、落合監督についても言えることだ。

むしろ怖いのは、一つのチーム方針に基づいて全員が一つの方向を見ているチームだ。08年で言えば、広島カープがそれだ。我々は、あらゆる手段を使って、相手チームをバラバラにしようと試みる。勝っている時は、チームは一つにまとまるが、負けてくると崩れていくものなのだ。だが、広島だけは、負けていてもヨソを見る選手がいない。一つの指針が揺るがないのだ。こういうチームは、本当に要注意である。

エースの黒田博樹がロサンゼルス・ドジャース移籍で抜けて、新井が阪神に移籍した。今季の広島は攻守の軸が消えたチームだ。にもかかわらず最後までAクラス争いをした。敵チームながら、立派である。巨人とは対照的であるが、これこそが、監督としての醍醐味ではないか。

もしかしたら私の考えは古いのかもしれない。カネで優勝が買える時代になっているのかもしれない。だがそんなやり方が、プロ野球の魅力を半減させているのではないか。

ファームからも若い選手をしっかりと育てて野球を仕込む。そして監督が、あれこれ手を尽くして、チームの結果を積み重ねていく、そういう監督業こそが面白いのである。

HANSHIN

OFFEE
みずほ銀行
ダイワハウス
MoonStar
ダイワハウス
MoonStar
Tigers
ーパードライ

第3章　タイガース愛

村山さんの思い出

大阪玉造の実家に今でも「宝物」が置いてある。1枚のサイン色紙はもう黄ばんでヨレヨレになっているが、私にとって、これは宝物のように大事にしてきたものだった。「道一筋」。色紙にはこう記されている。現在、私がサインを求められた時に添えて書くのも、この「道一筋」。故・村山実さんが、好んで使われた言葉を受け継がせてもらっているのだ。

村山さん、三宅秀史さん、藤本勝巳さん…。幼い頃から、可愛がってもらったスタープレーヤーの顔がいつも浮かぶ。物心ついた時から、私の生活は阪神色に染まっていた。

そもそも父（勇郎）がタイガースと縁があり、いわゆるタニマチとして若い選手の面倒を見ていた。実家に選手が来て晩飯を一緒に食べたりしていたものだから、馴染むのにそれほど時間はかからなかった。

実家は小さな紙加工業を営んでいたが、よくもまあ、あれだけ選手の面倒を見て潰れなかったものや、と後になって思うほど父は阪神をこよなく愛していた。母（サカヨ）は苦労したはずだが、それをまったく表に出さず、父のやりたいようにやらせていた。

時間があれば父に甲子園に連れていかれ、すぐ横にあった選手寮の虎風荘で遊ばせてもらっていた。そこで村山さんや藤本さんに可愛がってもらい、バットスイングを見てもらったり、守備の練習をさせてもらった。最初に近所の公園でキャッチボールをした相手は三宅さんだったし、村山さんの引退試合では、マウンドに上がる直前のキャッチボールの相手をさせてもらった。そんな交流の中で、三宅さんにこう言われたことがあった。

「手が小さいし指も短いな。これからは投手でなく内野手をやりなさい」

幼心に覚えている。野球をやり始めたら、誰でも最初は投手に憧れるものだ。だけど野手になろうと決めたのは、三宅さんのこのひと言がキッカケになったわけである。

村山さんの背番号は11で、三宅さんは16。藤本さんは5だった。

それぞれに好きな背番号だった。大阪の愛日小学校に通っていたが、当時、仲間が被る帽子はほとんどが巨人のものだった。いつも巨人が強くて優勝していた時代。阪神は巨人に対抗するが常に2位。はっきり優劣がついていた頃だ。

子供は強いものに憧れるものだから、仲間はみんな巨人を応援していたが、私はそんな気はまったくなかった。私はその中でたった一人阪神の帽子を被り、ユニホームの背番号は11か16か5だった。生まれ育った環境だろうが、阪神しか応援する気がなかったし、実際、「巨人と阪神、どっちが強い」がきっかけとなって、友達とよくケンカをしたものだ。

ミナミのキャバレーで歌う少年

父は豪快な人間で、あまり小さなことをくどくどと言わなかった。ただ、野球に関してだけは厳しかった。阪神の選手に私の指導を頼み、実家の屋上に打撃ネットを備え付け、守備練習だといって手作りの練習用具を置いた。大きなトタン板を金槌でボコボコに叩き、凸凹にして、そこにボールを投げて跳ね返る球を捕球するという練習だった。凸凹によって跳ね返る方向が変わるが、これを「イレギュラーバウンドと思え」と、そこまで徹底した練習をさせられた。

無茶なことを平気でさせる父でもあった。大阪といえば繁華街はキタかミナミ。実家がミナミの繁華街に近いこともあり、父はよくミナミの飲み屋に選手を連れていっては飲ませていた。そこになぜか私もいる。野球選手といってもまだ歓楽街でビールをバンバン飲める時代ではなかった。すると父は昔のキャバレーというのか、そういう女性が接待する華やかなところに行き、私をステージに立たせて生バンドをバックに唄を歌わせたものだ。

小学校の高学年から中学にかけてだったが、私はキャバレーの舞台で歌謡曲を歌うことになる。持ち唄は島倉千代子か水前寺清子の曲。歌いきると店から褒美でビールが振る舞われた。もちろん、私ではなく、それを選手が飲むわけである。もう時効だから許してもらうが、小さい頃から私はミナミの飲み屋を荒らしてたという次第。今から考えるととんでもない時代だった。

まだまだとんでもない思い出はある。中学の時、父が地元で草野球のチームを作っていたのだが、大人ばかりのチーム編成にもかかわらず、私に投手をやらせた。土日になると試合。相手チームも当然大人。こちらはピッチャーが中学生の私で、バックには阪神の若手2軍選手が守ったりしていた。試合はいつも勝っていたし、私も滅多に打たれたことはなかった。大人を相手に抑え込む姿を見て、うれしそうな顔をする父を、今も思い出す。

そういう時代、そういう環境で育ったから、いつの間にか、私自身、将来はプロ野球選手、それも阪神タイガースに入団するというのが目標になり、父も同様の気持ちでいたようだった。そのために進路も自然と2人の間では決まっており、高校は野球の名門、北陽、そして大学は早稲田。早大に進学するには勉強しなければと、高校時代は予備校にも通って、野球と受験勉強に明け暮れたものだった。

人生なんて、どこでどう変化するかはわからないものだ。けれど、私の場合は、ゴールにプロ野球＝阪神タイガースという駅があって、そこまで父がレールを敷き、わき目もふらず、その上を真っ直ぐに走ったというのが実感だった。

運命のドラフト

無事、早大に進学した私は、当然のように野球部に入部した。当時の早大野球部には、高校時代から名前を知っていた全国区のすごい選手がゴロゴロいた。対戦する他の大学にも力のある選手がたくさんいた。例えば法政大の江川さん…。とにかくメチャクチャ速い球を投げていた。

当時、野球部に入ってきたのは確か25人くらいで、全体で１００人はいたと思う。そんな中で私は北陽出身の地方区的な選手だったが、幸いなことに1年目から試合に出してもらえるようになった。練習で大きいのを飛ばしたこともあったが、当時の石山建一監督に評価してもらったこともラッキーだった。

76年、1年の春にいきなり早慶戦でデビューして、秋にはレギュラーになった。もちろんその時からプロを意識していたし、必ずプロにいける、という自信が膨らんできた。3年の時には3冠王になり、大学通算20本塁打を記録することができた。

そして79年。早大でキャプテンとなり、ドラフトを待つ時期になった。ほとんどの球団から話があり、スカウトの人の情報をもとにすれば8球団が1位に指名するということだった。その中には巨人も入っていたけど、いざフタを開けてみれば6球団の1位指名。光栄なことだが、自分ではピンとこなくて、エッ、8球団とちがうの、と不満に思っていた。そういう情報を信じていた純真な年頃だったんだろう。

当時は逆指名などはなく、阪神、阪急ブレーブス、南海ホークスなどの6球団がクジを引くことになった。その前日だったか、テレビで模擬ドラフト会議という番組があって、そこでは私は阪急にクジを引かれることになっていた。フーン、といった感じで見ていた。阪神への夢は強かったけれど、阪急か…まあ、そうなってもええわ。引かれたところにいく。そんな気持ちに変わりなかったから、前の日の夜もグッスリと眠れた。

ただ、なんていうのか、オレは阪神にクジを引いてもらえる、阪神に決まるという予感がしていた。これは嘘ではない。実際にそうなったから言うのではなく、本当にそう感じてたし、信じて疑わなかった。

私のことを「強運」とか「勝負強い」と言う人が多いけど、実際、自分でもそう思うことがある。商店街のクジ引きなどで当たった記憶はないが、自分がこうと念じたら、それは大体、叶うようになっていた。だからドラフトでも阪神が引いてくれる、と自分の中では決まっていた。けれど、入団決定からが大変だった。大阪のスポーツ新聞各紙、テレビ各局がドッと取材に来て、「これはすごいことになった」と恐ろしくなった。

両親はとても喜んで、昔から世話になった近所の人も祝福してくれた。入団交渉は、玉造の実家で行い、その後の記者会見は2階。とんでもない数の記者の人が入ってきて「床が抜けるんとちゃうか」と本気で心配したくらいだった。

阪神に指名されてからというもの自由な時間はなくなった。何をするのにも記者がついてきた。朝起きて実家の隣にある喫茶店に行ったら、もうすでに記者がカウンターに並んでいる。お陰で、その喫茶店はよく儲かったらしいけど、阪神の人気はやっぱりすごいと実感した時期だった。けれど、それで浮かれることはなかったと思う。

頭の中はすでに阪神の一員として、どういう準備をしなければいけないか、ということが支配していた。1年目からレギュラーになる。そのことしかなかったから、ドラフト後も近所の大阪城公園を走ったりしてトレーニングは続けていた。

80年の元日も朝から大阪城を走った。元旦なのに、たくさんの記者が取材に来て「初夢は何？」と聞かれたから、「プロレスのタイガー・ジェット・シンが現われた」と正直に答えたら大笑いされた。翌日は、「岡田の初夢はプロレス」と見出しになっていた。

もちろん阪神との契約はスムースだった。契約金は6500万円だったと記憶している。小切手一枚だったから、お金の感覚はピンとこなかった。契約金は両親にすべて預けた。年俸は480万円。月給にすれば40万円。これも銀行振り込みだったから、大金を手にした実感が湧かなかった。

ルーキーイヤーの苦い記憶

阪神タイガースの一員としてのスタートは、80年、1月の自主トレーニングからだった。

たのきんトリオがブームとなり、山口百恵が引退する年だった。現在のようなポストシーズンの規律ができていない時代だったから、合同自主トレと称して、選手全員がプレキャンプに集まっていた。

私は、度肝を抜かれた。とにかくすごい選手ばかりなのだ。野手でいえば掛布さん、藤田平さん、真弓さん、若菜嘉晴さん、佐野仙好さん、竹之内雅史さん、中村勝広さん、榊原良行さん…。「あかん、こりゃ、とんでもないところにきたわ。レギュラーなんかに絶対なれないわ」というのが、偽らざる思いだった。そして、こうも思った。

「こんなすごい選手がいるのに、どうして阪神は勝てないのか」

それが不思議で仕方なかった。79年は2位に終わっている。なぜか優勝には縁がない。そういう野球の不思議さをプロに入ったルーキーイヤーに思い知らされたのである。85年に優勝するのだが、正直、入団した80年当時のチームのほうが実力は上だった、と今でも思い続けている。

監督は、阪神球団史上初の外国人監督となったドン・ブレイザー。もちろん知っていた。南海時代に「シンキング・ベースボール（考える野球）」を推進した指導者で、闘志を前面に出すタイプだと聞いていた。そのブレイザーと初めて顔を合わせた時、通訳を兼ねていたコーチからこう告げられた。

「いくら力のあるルーキーでも、メジャーリーグでは最初からいきなり試合起用することはない」

いきなりガツンと食らわされた。自主トレで戦力のすごさを肌身で感じてはいたが、反骨心が芽生えた。そんなの関係ないやろ。1年目であろうが5年目であろうが、力があればいいやないか。悔しくて、悔しくて、何か一度に冷めてしまったような気分になった。

そんな経緯があって春季キャンプに入った。キャンプ地は、アメリカのアリゾナ州テンピ。球団としては何十年ぶりかの海外キャンプだったが、連日の雨で練習どころではなかった。たまに晴れたかと思えばスコールのように雨がきて、なかなかはかどらない。

そこに事件が起きた。その当時、外国人選手はマイク・ラインバック一人だったのだが、2月に入っても、新外国人の噂も出ない。もう新しい外国人はこないのだろう、と誰もが思っていた矢先、キャンプ地の打撃練習の順番を書き込む用紙に見慣れない名前が入っていた。「ヒルトン」。打撃コーチだった中西太さんが書き込んだのだが、そこで初めてデイブ・ヒルトンが入団することを知ったのである。

ヤクルトで活躍し優勝に貢献した個性的な外国人選手だったが、まさかヤクルトを退団し、阪神にやってくるとは…。それを知った選手は一様に驚いていた。最もヒルトンの入団の影響を受けるのが私である。早大では三塁を守っていたが、そこには掛布さんがいる。だからブレイザーは私を二塁にコンバートさせる計画を持っていた。

「なのに二塁手のヒルトンを獲得するなんて、どうなってるんや」

私は複雑な気持ちで、その用紙の名前を見ていた。

その日を境にブレイザーは私のことを無視し始めた。ヒルトンの練習を見てすぐ感じたのだが、ヤクルト時代のような動きはできていなかったし、バッティングも確実に低下していた。それなのにブレイザーは、ヒルトンを二塁で起用すると言う。その挙げ句に「オカダよ、きょうから外野の練習をするように」と指示してきた。頭にきた。けれど、やるしかない。「なんでなんや」と重い気分で練習した記憶は、今でも鮮明だ。

ブレイザーが言った「ルーキーイヤーは使わない」は本当だった。キャンプを終え、帰国してからのオープン戦でも二塁はヒルトン。ヒルトンには上昇の兆しがまったく見えないけれど、ルーキーの私にはお呼びがかからない。親しい記者が、こんな話を教えてくれた。

「ブレイザーとの会見では、いつも同じ会話の繰り返しや。岡田をどう起用するのか、と質問すると、『私には私の考えがある。それが不満なら、キミが監督をするかい』と言って着ていたグラウンドコートを脱いで渡すポーズまでしてみせたんや」

よほど嫌われたのだろう。見る人によっては私のプレースタイルがさほど闘志を表さないように映るらしい。「そういうことも、気に入らない理由らしいぞ」と、ある記者から聞かされたこともあった。

「なんでやねん、おかしいやろ。そんなことが理由になるんか」

言いたいことはいっぱいあった。だが、黙って言われたことをやるしかなかった。

そういう流れのまま開幕を迎えた。予想通り私に出番はなかった。初打席は4月11日の大洋ホエールズ（現横浜）戦。平松政次さんに三振に取られた。ここから代打で3回打席に入り、4月22日の大洋戦で、三塁手として初の先発出場のチャンスをもらった。掛布さんがケガで欠場し、その代役だった。この試合で初ヒット、初打点。代役であってもうれしかった。初ホームランは、5月1日、巨人の新浦壽夫さんから打った。

ところがまた事件が起きた。阪神というチームは、とにかく何かが起きる。

5月中旬、突然、ブレイザーが退団したのだ。

私の起用を巡ってファンがヒートアップ。「岡田を使え、使え」と日増しにファンの声が大きくなった。これは、後で聞いたのだが、ブレイザーの自宅に、脅迫の手紙や電話が頻繁にくるようになり、ブレイザーも危険を感じたらしい。このままでは家族にも危害が及ぶのでは…と感じたことが、退団理由だった。

自分としては「まさか」だった。一人の選手の起用法で監督が辞めるなんて信じられなかった。おまけにヒルトンもかなりのダメージを受け、同じように退団した。プロの世界では、こんなことが起きるのだ。

記者が「監督の退団、どう思う?」と迫ってくる。どう思うって…どう答えたらいいのか。答えようがなかった。しかし、自分のせいで、ブレイザーが辞め、ヒルトンが辞めたのかと思うと、いたたまれなくなったのは事実である。

その後、監督代行は中西さんが務めた。ヒルトンが退団し、私を起用するようになった。

考えていても仕方がない。やるしかないと思い、ガムシャラにプレーした。

その結果、打率２割９分、18本塁打、54打点で新人王になった。でも、同じ年のパ・リーグ新人王は、最多勝、ＭＶＰなどタイトルを総なめにした日本ハムファイターズ木田勇さんで、私の新人王は霞んでしまった。

伝説のバックスクリーン３連発

入団してから5年間はあっという間に過ぎた。「こんなすごいメンバーでなんで優勝できんのかな」と思い続けた5年間である。その間に阪神の監督は、３人も替わった。常に何かしらの問題が湧き出し、「お家騒動」はマスコミの格好の餌食になっていた。

シーズンが始まって２カ月も経ってないのにブレイザーが辞め、そこから中西さんが監督代理をやり、翌年、Ａクラスの３位になってるのに中西さんも監督を辞めた。次は安藤統男さんが監督に就任する。入団して３年で３人も監督が替わるチームって珍しい…これが阪神なのか…と妙に納得する部分もあったけれど、選手の間では、監督の就任直後から「さあ、今度の監督はどれくらいの期間、監督するんやろう？」という冗談のような話が出ていた。選手も監督人事のゴタゴタに、すっかり慣れっこになっていたのかもしれない。その冗談が冗談でなくなるような、一種独特の空気が当時の阪神にはあった。

安藤さんも、球団フロントとモメて最終的に3年で辞めた。連日、関西のスポーツ新聞は監督人事を報道していて、次期監督についての我々の情報源ももっぱらスポーツ新聞の記事だった。

84年のオフ。最後の最後まで村山さんが次期監督最有力と言われていたし、スポーツ新聞は決定事項のように報道していた。ところが、何かが起きて急転したのか。もともと、村山さんの監督話はなかったのか。今日、いよいよ監督要請という当日の朝刊に1紙だけが「吉田義男氏に決定」との記事を飛ばした。

私も、この時初めて、「吉田さん」が候補に挙がっていることを知ったのである。そして、その記事はスクープとなり、吉田さんが2度目の監督として復帰した。それは、私にとって入団して6年目。27歳のシーズンだった。85年の戦力は、「投手陣は弱いが、打線はかなりの破壊力を備えているな」という手応えが自分にもあった。吉田さんも、打線、打力を前面に出し、とにかく打ち勝つ野球をスローガンに掲げた。

打順と言えば、1番の真弓さんから始まり、3番バース、4番掛布、5番岡田のクリーンアップに佐野さんの勝負強さ、平田、木戸の若さと実にバランスの取れた打線だった。スタートは、一進一退だったが、チームを一気に勢いづかせる象徴的なシーンが訪れた。そう、今や伝説的となったあの「バックスリーン3連発」である。

4月17日の甲子園での巨人戦。マウンドには槙原寛己。最初にバースが、走者を置いて逆転のホームランをバックスクリーンに打ち込んだ。すごい当たりだった。この年、バースは3年目のシーズンで日本の野球にも慣れて、「今年のバースは結果を出す」と私は確信を抱いていた。バースを初めて見たのは83年のマウイキャンプだった。確かに当たれば遠くに飛ばすが、確実性はない。足も遅かったから、それほどのインパクトはなかった。

しかし、日本の野球や日本の風土に慣れようと、懸命に努力している姿は知っていた。例えばスタンスを変えたり、バットスイングも、これまでのような力任せではなく、コンパクトに当てようという練習を続けていたし、積極的にチームに溶け込もうとしていた。ロッカーで将棋を覚えて私や川藤幸三さんとヒマを見つけては将棋を指した。食事に誘うとよくついてきていた。それもバースの努力だし、努力は着実に実を結び、3冠王2度という記録に表われたと思う。

そのバースの1発目の後は掛布さんだった。実は映像でも残っていると思うが、カケさんのホームランは正確にはバックスクリーンではない。追いかけたウォーレン・クロマティーの動きでわかるように、バックスクリーンからずれて、やや左に飛び込んだ打球である。しかし、マスコミも味方になってくれたのだろう。多少の誤差は大目に見てくれて、カケさんのホームランもバックスクリーンという報道のされ方をして、伝説のバックスクリーン3連発という言葉が生まれた。

カケさんとは、いつの間にか対立しているようにマスコミに面白おかしく書かれた。チーム内に掛布派、岡田派という派閥のようなものがあるとも報道され、何かものすごく敵対しているような感じになってしまった。

私はドラフトが終わり正式入団を控えた79年の12月、カケさんのパーティーに花束を持って飛び入り参加したことがある。そのパーティーの後に新聞の企画でカケさんと対談することになった。それが掛布さんとの出会いだった。時間にして30分くらいだっただろうか。実は、企画自体がスポーツ新聞の独断でやったもので、球団の了承を取り付けてなかったらしく、対談が終わった後、球団関係者、他のスポーツ新聞の記者に見つかったら大変なことになると、隠れてホテルを脱出したことが懐かしい。

後で聞いたら、対談後の食事場所が、私は居酒屋チェーン店、掛布さんはホテルのディナーだったらしい。すごい差をつけるな…と思ったけど、それがプロの世界。カケさんは、ミスタータイガースと呼ばれ、すごい勢いでスターダムに駆け上がっていた。

不仲説は真っ向否定するが、入団後、カケさんとは一緒にメシを食いに行ったり飲みに行ったりしなかったことは事実である。別に仲が悪いとは思ってないけど、周囲から見れば、一緒に行動しないから、そういう風に感じたのかもしれない。球場を離れると、やはり気の合う者同士が飲みに行くわけで、一緒に行かないから＝仲が悪いと決めつけられても困るけど、マスコミはやたら掛布派、岡田派という色分けをしたがった。

特にカケさんとチームや野球論についての議論を交わした記憶はないけれど、最後に掛布さんの引退試合で「後は頼むぞ」と、言われた。あれが初めての2人の本音の会話だったかもしれない。

年月は流れた。04年、私が阪神の監督になった最初の沖縄キャンプにカケさんが評論家として取材で訪ねてきてくれた。2人で握手をして、いろいろとお話をさせてもらった。その際、「頑張れよ」と言ってもらったのだが、その握手を見ていた記者が「世紀の握手」とスポーツ新聞に書いた。その報道を見て「どこまであの時代が続いとんねん」と、ピンとこなかったけれど、これも掛布派、岡田派の名残なのかな、と感じたりもしていた。

3連発の最後は私のホームランだった。槙原のスライダー。配球を読んでの狙い打ちだった。ホームランは狙って打つ、は私の持論の一つでもあるが、まさにそういう当たりだった。自分も、その気やし、ここでバックスクリーンのど真ん中に打つと念じていた。そこに読み通り、ドンピシャのボールがきた。打った瞬間、いったと思った。

あの時の感触は今でも鮮やかに残っている。

個人記録を尊重する理由

ただ、バースに対しては、個人的に悔しい思い出が残っている。そのシーズン、バースも掛布さんも私も個人成績がハイレベルで、タイトルを本気で狙いにいっていた。残り3試合まで私が首位打者をキープしていた。リーグ優勝も決まり、休んでもよかったけれど、最後まで出場する決意を固めた。

バースも王貞治さんの持つ55本というシーズン最多本塁打記録の更新がかかっていたから、残り試合に出場した。けれども徹底した敬遠攻めで、そのチャンスは潰された。逆に私に対して相手投手は「打ってええぞ」とばかりにど真ん中のストレートばかり投げてくれた。しかし、これが逆効果になった。力んでしまって、いかにキャッチャーフライが多かったか。あれもプレッシャーだったのだろう。最後は結局、バースが打率３割５分、54本塁打、１３４打点で３冠王を奪うことになる。

情けなかった…悔しかった…無冠で現役人生を終えた今も、その悔しさと失意は鮮明な記憶として残っているのだ。

だから、私は、監督になってからは選手の個人記録には神経をつかった。もちろん、チームの勝利が最優先であることが大原則ではあるが、個人記録、タイトルを野球史に残すために、監督として手助けできることがあれば最大限に手を貸したつもりである。

これは時効なのかもしれないが、これ以上点差が開けば、ある投手にセーブがつかなくなるという場面で点差が開かずに済むような采配をしたこともある。記録というものは個人のモチベーションを上げる大事な要因でもあるし、そういう数字を楽しみにしているファンもいるだろう。プロ野球の魅力の一つが記録であるならば、指揮官も、無関心であってはいけないと思うのだ。

1985年の真実

バックスクリーン3連発で象徴されるように、85年は打ち勝った試合が多かった。逆に言えば投手陣、ディフェンス力の弱いバランスの悪いチーム。「5点取られたら6点取ってやる」。そういうゲームばかりだったから、優勝を意識できるような状況には、なかなかなれなかった。巨人と広島との三つ巴。阪神だけでなく、どのチームもなかなか抜け出せずにいる。それが幸いしてプレッシャーは感じなかった。

7月の球宴前には首位の広島と4ゲーム差をつけられていた。7月18日に、広島と岡山で首位決戦。私は足を痛めて欠場したが、その大事な折り返しのゲームで広島に11対4で勝って連敗もストップし、ゲーム差は3に縮まった。負けていれば5ゲーム差というところを踏みとどまったのだ。監督の吉田さんは、後にいろんな場所で「あの広島戦の勝ちが重要だった」と、語っている。３ゲーム差にして、折り返せたのは、気分的にも随分、楽になった。

　吉田さんは「一丸野球」をチームスローガンにしていた。しかし、実態は、そうでもなかった。「一丸」というよりも「バラバラ」と表現したほうが正しい。みんなでまとまって何かをする、ではなく、みんながバラバラに行動していた。私とカケさんが一緒にどこかに行くということは、まったくなかったし、投手陣とどこかに食事に、ということもない。試合が終われば、みんな、それぞれが好き勝手に行動していた。選手会長という肩書きは、それほど重荷ではなかった。時には試合後、自然発生的に食事会場に集まって、それこそああでもない、こうでもないと、議論したこともあった。「優勝を目指すチームらしくなったかな」と選手会長として思ったのは、夏も真っ盛りの頃だった。

　その85年の夏。８月12日。ＪＡＬ１２３便が御巣鷹山に墜落した。そこに球団社長の中埜肇さんが乗っていた。こんなことが起こるのか…信じられなかった。選手は動揺していたし、その精神的な隙が現実となって出て、翌日から連敗した。

　広島遠征だったと思う。私は、選手を集めて意見を聞いてみた。どうすれば今の状態を抜け出せるか。どういう戦い方がいいのか。選手会長としてみんなの意見を吸い上げようとした。だが、そういう堅苦しい場所になると、あまり活発な意見は出ない。ただ、弱い投手陣をなんとかする方法について具体的な方策が出たので、それを持って監督の吉田さんの部屋に行った。吉田さんに告げたのはこういうアイデアだった。

「中西と福間納さんと山本和行さんを、オールスターのように3イニングずつ投げさせてください」

連敗を止めることのできる投手がいなかったから、究極の発想を吉田さんに申し入れた。すると、吉田さんは「そ、そ、そ、それはできん」と却下された。結局その日の試合も負けて連敗はさらに伸びた。

無茶な要望だったかもしれないが、皆が考え、優勝するためにはどうすればいいか、という気運が高まったのも確かだった。それを総意として選手会長が監督に申し出る。手順を踏んで、総意を伝えることによって、チーム一丸のムードは高まるし、監督にもその気持ちはわかってもらえたと思う。そういう意味では無駄な意見ではなかったはずである。

戦い続けるうちに、バランスの取れたチームに

バース、カケさん、私のクリーンアップには、それほど大きな波がなかった。チーム本塁打の２１９本が示す通り、１番から９番までがホームランを打った。チーム打率も２割８分５厘。他の球団を圧倒する数字をたたき出した。逆に投手陣の防御率は４・16。これはリーグ４位で、守れないことに苦しんだのは事実だった。

でも野球は不思議なものだ。弱いといわれた投手陣もシーズンが進むにつれて、こうすれば勝てる…というものがわかってくる。責任回数の５回まで３点で抑えれば、打線が必ず援護してくれるという勝利の法則を見つけたようで、その意識がすごく浸透した。さらに抑えには、福間さん、中西、山本さんの３人がいて、１イニングずつ３人で投げれば勝てる、という強力なリリーフ陣が心強かった。

福間さんが、巨人戦で原にサヨナラホームランを浴び、その翌日のゲームでも同じような場面が巡ってきたが、吉田さんは、あえて対原に福間さんをマウンドに送り、結果ライトフライに討ち取っている。１日で重い気持ちを吹っ切らせようという狙いだったが、その起用に福間さんは応えた。９月に入って山本さんがアキレス腱を断裂して戦列を離れた

時も、若かった中西が連投につぐ連投でカバーした。最後には、弱い投手陣なりに非常にバランスの取れた戦い方ができたわけである。

打線にもプラスの連鎖が生まれた。クリーンアップの3人がずっと好調だから、相手は逃げるわけにはいかない。バースとの勝負を避けてもカケさんがいるし、カケさんから逃げても自分がいる。相手投手の右や左は関係なく、それぞれが意識しないのに助け合っていた、というのが実感として残っている。そういう状況の中、争っていた広島と巨人が勝手にこけてくれた。8月に6連敗しながらも持ち直して、9月22日にマジック22が点灯した。これでやっと現実としての優勝が見えてきた、と思った。8月12日、日航機事故で中埜社長が亡くなってから41日目。ようやくゴールが見えたし、プロに入って6年目、初めての経験に興奮したのは間違いなかった。

迎えた10月16日。神宮球場には異様なムードが漂っていた。学生時代から慣れ親しんだ球場だが、早慶戦などとはまったく別物の空気。全国から阪神ファンが集まってきているのか…と思えるほどの熱狂的な声援が球場を包む。球場全体が阪神ファンで埋まり、球場の外までファンが溢れていた。カケさんがホームランを打ち、佐野さんの犠牲フライで同点。そういう展開にベンチの中は混乱している。

「引き分けでも優勝やな」「確かめてくれ」

そんな声がとどろき、球団関係者が再確認に走るひと幕もあった。優勝とは、こういうものなんだと正直に思った。今、目指したものが目の前にある。現実だけど、もし間違っていたら…そんなことを真剣に考えるほど、尊いものである。

中西がピッチャーゴロを捕り、一塁の渡真利克則（現セ・リーグ審判員）にボールが送られた瞬間、頭は真っ白になり、気がつけば自分もマウンド付近で胴上げされていた。

西武との日本シリーズはまさに余勢を駆って、戦い抜いた。当時の阪神らしさを存分に出したわけで、自分にとっては現役で味わった最初にして最後の日本一。うれしい、という言葉しか見つからなかった。

これ以上、強いチームはないと思っていたのに優勝に縁のなかった5年間。それが6年目、吉田さんに監督が代わった1年目で優勝できた。やはり野球は個々の力だけではないのだ。個々の力の結集が、チームであり、それを勝つことにつなげた結果が優勝なのである。投打のバランスの悪かったチームが戦いを続けるうちに、勝つ術を見つける。それを最も感じた85年の優勝だった。

あの経験は、監督となった私のチーム作り、長いペナントレースをどう戦うかの野球観に重要な意味を占めた。本当のチーム力とは変化、対応をしながら身につけていくことである。自分たちで考え、試行錯誤し、方程式を見つけ、成長していくことでもある。

85年の優勝は、私に、それを教えてくれた気がする。

暗黒時代のタイガース

85年に念願の日本一になった後、天国から地獄に真っ逆さま…という悲惨な時代が待ちかまえていた。いつの間にか「阪神暗黒時代」と呼ばれるようになった。例えば札幌遠征では不思議と負けた。それも考えられないようなプレーが出て負ける。

そこでスポーツ新聞は当時、流行っていた唄になぞらえて「北墓場」と大きな見出しをつけて報道した。細川たかしの『北酒場』ではなく、「北墓場」。冷静なら「うまい！」と思わず笑ってしまう。うまくつけるものである。だが、当時は、こんな茶化され方をして相当、頭にきていた。

とにかく85年の優勝から、一気に成績は下降線。自分が阪神にいた93年までの順位を並べると、こうなる。86年の3位から6、6、5、6、6、2、4である。すさまじい凋落ぶりであった。

86年は確かに優勝争いをした。広島、巨人と争ったのだが、最初に落ちていったのが阪神で、このシーズンは広島が優勝した。ここからがどんどん落ちていき、87年はなんと勝率3割3分1厘。吉田さんの監督3年目で、その最後は、途中でコーチが退団するなど、ゴタゴタが噴出し、大変な騒ぎになったことを覚えている。

でも、これは序章であり、88年は、お家騒動のピークとなった。監督は吉田さんから村山さんに代わっていた。村山さんはとにかく自分の色を出したかったんだろう。選手の起用法にそれがはっきり表われた。「少年隊」と呼ばれた大野久、和田豊、中野佐資に代表されるような若手をどんどん起用した。

しかし、チャンスをもらっても実力が備わってなかったから、戦力として機能しない。逆にベテランがワリを食って平田や佐野さんの出番が激減。チーム内に淀んだ空気がいつも充満していたものだった。

さらにバースが子供の病気のことを巡り球団とモメて退団。交渉を任されていた就任間もない古谷真吾球団代表がホテルから飛び降り自殺するという悲しい事件まで起きた。プロ野球の世界で、自殺者が出る。その衝撃は強かった。もう野球どころではない。浮ついた雰囲気がチームの中に流れ、とても集中できるような状況ではなかった。

その年にはカケさんも引退した。あの85年の優勝メンバーが一人減り、2人減り、寂しい気持ちと、これから先、どうなるのか…という閉塞感と不安感が心を覆った。

あの優勝はなんだったのか…。そういう気持ちもあったが、残った自分がとにかく引っ張っていかねば、と思った。でも結果が出ない。するとやはり愚痴になる。そのムードは一般企業と同じで、上司の悪口など、平気で横行する時代だった。

何をやってもうまくいかない。村山さんが2年で退団し、次の監督が中村さんに決まるまでも、一枝修平さん決定の情報が流れたり、スッタモンダしていた。日替わりでいろいろな候補の名前がスポーツ新聞の1面を飾る度に、選手の立場からすれば、一体どうなっているんや、としか感じられなくなっていた。

監督が替わることによって、コーチ陣も入れ替わる。そうすると指導方法も変わり、教えられる選手、特に若手は戸惑う。ベテランになっていた私は、これを心配したし、実際に迷った挙げ句に潰れていった選手が何人もいた。

自分は、それなりに、その後のチームを支えてきたつもりだった。4番を打ち、若い選手を引っ張ってきた、と自分では思っていた。だが、93年の夕暮れが早くなり始めてきたある日、衝撃的な活字をスポーツ新聞に見つけた。

「岡田、戦力外」

まさかと思った。まさか、このオレが…と。

90年を最後に年々成績は落ちてきていた。20本は打てていたホームランも91年には15本になり、92年にはたったの2本。出場試合も70と激減していた。

けれど、この年は、チームが7年ぶりに優勝を狙えるチャンスだった。ファイト溢れるヘッドスライディングの亀山努と、強肩、俊足、強打の三拍子がそろった新庄剛志という2人のヤングパワーが出てきて、新亀ブームを巻き起こしていた。

私も開幕戦でホームランを打って、いいスタートを切っていた。だが、その後がアカンかった。調子が思うように上昇しない。打率は1割台。あれは忘れもしない。4月25日、ナゴヤ球場だった。私は、初めて7番を言い渡されていた。監督の中村さんも熟考された末の降格だったと思う。

しかし、振り返れば、自分はずっとクリーンアップを打ってきた。84年の9月からは、一度もクリーンアップを外れたことがなかった。けれど、それほど状態が悪かったんだろう。中村さんも逆に負担がかからぬように気をつかってくれたと思う。

だが、その試合で、また予期せぬことが起こった。2対1の1点リードで迎えた5回、一死満塁のチャンスに打席が回ってきた。ところが、ネクストバッターズサークルから打席に向かおうとしたら呼び止められた。振り返れば交代の指示やった。

亀山が代打で出た。複雑な気持ちだった。7番に打順が下げられ、絶好のチャンスで代打を出される。初めて味わう屈辱的な経験だったけれど、どこかで冷静に自分を見つめていた気もする。

「また調子を上げていけばええやないか」

自分では、落ち込まずポジティブにそう考えるようにしたと思う。

宿舎のホテルに戻り、選手用のレストランで食事をしていたら、亀山が、私の席までやってきて、申し訳なさそうに「岡田さん、すみませんでした」と謝った。

「お前はなんも悪ないやろ」と返答したが、そのやりとりを若い選手が見て見ぬフリをしているのには気がついていた。周囲が自分の存在に気をつかうようになっていた。

チームは、ヤクルトと優勝争いを続け優勝のチャンスを迎えた。ただ自分には長年の経験で、どこか引っかかるものがあった。というのも、優勝争いをしている、という緊迫感、緊張感、集中力のようなものが見えてこなかったからだ。ゲームには出ないが、ベンチにはずっといる。その中だからこそ見えてくるものがある。私は、思い余って、某コーチに言葉は悪いがこう伝えた。

「優勝する気があるんですか。今のままなら、できまへんよ」

そのコーチはムッとしていたが、こういうことを言うのも自分の役割と思っていた。

その後、そのコーチが「オカよ、きょうは先発でいくで」と言ってきても、私は断った。

「せっかく若い選手でここまできたのに。オレより若い選手を使ったらどうですか」

嫌味ではなく、本当にそう思ったから言葉に出した。さぞ気分を害しただろうと思うが、ここまで作った流れを崩すことはない。まあ、厄介な人間と思われたかもしれない。

柱というか、チームを引っ張る存在が必要だった。そういう立場は私のはずであったが、ゲームに出なくなれば、プレーで引っ張る立場ではなくなる。それは痛感した。日本人選手の誰かが柱になる。強くなるにはそういう存在がいる。若手とベテランを競争させるのもいいが、やはりチームというのは固定するほうがいいに決まっている。そうすれば優勝もできたと思った。

そういうことを中村さんに直接、話をすればよかったのだけど、その時の自分は言える立場ではなかった。それが悔しかった。要するに全試合に出場して、中軸を打って、やはりチームの中で一番いい成績を残す。そういう選手じゃないと、柱というか、チームを引っ張る選手にはなれないのだ。

涙の退団

結局、ヤクルトに最後で優勝を持っていかれた。ますます自分の出番はなくなった。長い現役生活で体はかなり痛んでいた。持病になっていた足、首の痛みが襲ってくることがあった。しかし、現役としてまだ十分にやれる気持ちと、気構えは持っていた。その準備も自分なりに整えていたつもりだった。

だが、翌93年は、わずか42試合の出場。それもほとんどが代打で、ホームランは1本。そこから先は、新聞辞令で伝えられた「岡田、戦力外」という情報に戸惑いの日々を送るだけだった。球団からの連絡はない。断片的に新聞紙上で情報が入るだけだ。球団が岡田を戦力外とした…とスポーツ新聞に出ても、正式に球団から話がないのだから、こちらからは何のアクションも起こせない。

「直接話を聞きたい」と球団代表に申し込んでから、1カ月も経過していた。やっと、正式なテーブルが用意されたのは、シーズン終盤の93年10月6日だった。当時の球団社長の三好一彦さんから、その場で、戦力外を告げられ、その話の中でこうも言われた。

「（評論家として）外で勉強してくるのもいいし、スカウトやスコアラーとしてやってもらってもいい。他のチームにいくならできるだけのことはする」

正直、驚いた。

球団が身の振り方について、いろいろ考えてくれているのはありがたい話だけど、スカウトやスコアラーとは、考えもしなかったことだからショックだった。常にマスコミ報道が先行していくのが阪神の特質なのは、よくわかっていた。阪神に長く身を置き、ゴタゴタも数多く見てきたし、その都度、マスコミ辞令の後手に回る球団の体質を見てきた。けれど、いざ自分が、その当事者になった時、なぜ早く対応してもらえなかったのか…という不満は募った。

戦力外＝退団までの1カ月間は、まるでマスコミを仲介して球団と自分がやりとりしている。そんな感じだった（現在は、フロントも大きく様変わりしている。新聞辞令が先走り、選手をないがしろにするような対応は少なくなっている。また、私自身も、どうしても表に出せないチームの秘密事項は別にして、どんどん情報を外へディスクロージャーしていくことを広報にお願いした）。

しかし、これで阪神のユニホームを脱ぐと決まった瞬間、涙が止まらんかった。小さい頃から阪神しか見えなかった男が、タイガースを出ていく。いずれその時はくると考えていたけど、実際にそうなると、たまらなかった。

球団は「最終戦を引退試合に」という提案をしてくれたけれど、断った。まだ現役引退をするつもりはなかったからだ。だから、その10月21日の甲子園での最終戦の広島戦では、中村さんに、「いつも通り、代打で使ってほしい」と申し入れた。ベンチに入ってからは体が震えてどうしようもなかった。

「泣いたらアカン、泣いたらアカン」と、自分で言い聞かせてるのに、涙が出てきて、最後の代打での打席はボールが見えんかった。確か、一塁ゴロだったと思う。もともと涙もろいけど、この時は自分の想像を超えていた。勝手に涙が出てくる。試合が終わって選手、コーチ、監督に声をかけられたら泣くし、その後の記者会見でも、泣きっぱなしやった。

当時、その会見を取材していた古手の虎番記者に「あの時はホンマ、よう泣いてたな」と今でも冷やかされるが、それはどうすることもできなかった。

すさまじい岡田コールが聞こえてくる。優勝のこと、思い通りに動けなくなった頃のこと…。タイガースでの思い出の数々が頭の中に浮かび、それが涙になって出たのだろう。後にも先にも、あれだけ涙を流して退団した選手はいないと周囲に言われた。

それほど阪神が好きで好きでたまらなかった。

そうとしか、あの涙の理由を説明できない。

Joshin
ロッテガム
大和証券

SUNSTAR Panasonic
アキレス
キリン一番搾

第4章　先人から学んだこと

仰木監督から学んだこと

阪神はマスコミからお家騒動の球団と言われていた時期がある。私の阪神での現役14年間で監督は何人替わったか。入団した時のブレイザーから中西さん、安藤さん、吉田さん、村山さん、中村さん。14年で6人の監督である。それぞれに個性豊かで特徴のある監督であったが、オリックス・ブルーウェーブ（当時）に移籍して接した仰木彬という人は、これまで仕えた6人の監督とはまったく異質な感覚の持ち主だった。

93年に私は阪神から戦力外通告を受けた。前後して女性問題で騒ぎになった。自分としてはどうにもならない泥沼にはまった期間で、現役を続けたくとも、他球団からなかなか声がかかりにくい状況だった。とても悩んだし、このまま引退するしかないか、と覚悟を決めた時もあった。移籍話が宙に浮き、「もうどうにでもなれ」という心境に陥っていた時に、オリックスから連絡が入った。

「仰木さんがキミを欲しがっているよ」と言われた。

うれしかったし、また野球ができると、仰木さんには感謝した。

仰木監督とは、それまであまり面識がなかった。ゆっくり話ができたのは、オリックス入団後の雑誌の対談企画だった。話の冒頭で、いきなり「女性の問題なんか気にするな。いちいち気にしてたら、オレなんかとっくに死んでるぞ」ときた。

まあ、なんと開放的な人なのか。ざっくばらんというか、豪快というか、イメージしていた通りの監督だった。

仰木さんは、「パ・リーグの広報部長」と呼ばれていた。佐藤和弘という選手がパンチパーマが売りで、ゲームに出だしたら、登録名を「パンチ」にしてみたり、鈴木一朗が頭角を現わしたら「イチロー」に登録名を変えたり、チームと選手を売り出すのに考えを巡らし次々とアイデアを出した。非常にチームをアピールすることに苦心していた。

野球は緻密で、それに加えて、サプライズな戦略を用いた。ただ仰木さんはそれらを駆使して、なんとかオリックスというチームを大きくアピールしたいという気持ちがいっぱいだった。自分をオリックスに呼んでくれたのも、まだ現役でやれる、ということもあったが、阪神で4番を打っていた岡田が入団した、という話題性にも重きを置いていたようだ。だからよく聞かれた。

「オリックスがスポーツ新聞の1面を飾るにはどうすればいい？　お前が阪神にいた時、

なんでそこまで阪神が大きく取り上げられるのか、わかったか?」

そういうことをすごく気にしていた。それまで阪神一筋、セ・リーグでしか暮らしていなかったから、わからなかったが、パ・リーグの人たちは、常にこういう思いでいるのか、と戸惑いと驚きがあった。練習していても、仰木さんは「そう頑張らなくていいぞ」と声をかけてくれた。けれど、私は新しい球団で、それも結果次第では現役最後になるかもしれないという切羽詰まった状況にあるのに「適当にやれよ」とは…。

聞きようによっては、「なんてええ加減なおっさんや」とも感じたが、仰木さんの場合は、それも笑って済ませることができた。人間性というのか。実は、見ているところは、ちゃんと見てくれている、という父性とも言える安心感が仰木さんにはあったのだ。

仰木さんが監督に就任するまでのオリックスは、規律が厳しくて門限を破るなどもってのほか、というチームだったらしい。それを仰木さんは監督自ら緩くした。

自己管理さえしっかりできていたら、少々のことは大目に見る。門限の時間を遅くし、酒や遊びには寛大だった。だが、そこには自己管理が伴う。プロと名がつけば、いくら遊んでもかまわない。ただし、やることをやって遊べ。自己管理ができないような選手が遊ぶことは許さなかった。それを自分で実践していた。キャンプや遠征に出れば、毎晩のように酒を飲み、外出していた。だが次の日は必ず汗をしたたらせながら一人走っていたし、グラウンドに立てば、目つきは違っていた。要するにメリハリがしっかりしていたし、選手にもそれを求めていたのである。

現役を2年、それから2軍の助監督兼打撃コーチで2年。4年間オリックスでお世話になり、仰木さんには感謝している。「やるからには完全燃焼しろ」との言葉をもらい、指導者の道を開いてもらった。自分には真似できない部分もあるが、要するに選手をその気にさせ、選手をじっくりと見ることの大事さを学んだ。

イチローの例がよく出されるが、仰木さんは振り子打法に何も言わず、まず選手の才能の行方を〝見る〟ことに重点を置いて長所を生かした。人はよく「仰木マジック」と呼んだが、日替わりで組む打線にしても、選手の状態、相手投手との相性をすべて自分なりに把握し、選手の動きをすべて見て決めていた。何も言葉に出さなくてもいい。〝見る〟ということの重要性。仰木さんに教えられたことは、後に自分の監督としての基本になった。その意味では仰木さんと接した4年間は大きな財産でもある。

長所を伸ばす

吉田さんから連絡が入ったのは97年のオフだった。

「オカよ、もうそろそろ戻ってこいよ」

吉田さんは私が選手時代の85年に阪神を21年ぶりのリーグ優勝、そして日本一に導いた監督で、一度退陣した後、フランスでの代表監督を経て、再び阪神に監督復帰していた。私への誘いは2軍の打撃コーチというポジションだった。私はオリックスの2軍でコーチとして若い選手と2年間、向き合っていた。

自分でも充実した時間だった。プロに入ったばかりの若い打者にはバットの握り方から教えた。読者の皆さんにしてみれば、バットの握り方？　エッ？　と思われるかもしれない。けれど本当なのだ。バットの力をボールに伝えるための基本とも言える握りができていない選手がいる。よく、これでアマチュア時代に結果を出してきたな、と首をかしげざるをえない選手がいかに多かったことか。

2軍のコーチとは、そういう基本中の基本からスタートする。そんな経験は初めてだったが、指導者としての経験に役に立った。

私の指導理論の根本は〝長所を伸ばす〟ということだ。コーチングの理想として、よく謳われる理論だが、プロ野球の現場には真逆のスタイルのコーチが少なくないのだ。欠点ばかりを探して、そこを集中的に矯正していこうとする。けれど、指導の最初の段階でそれをやっては絶対にダメだ。バットの握り方の指導は例外だけど、短所の矯正よりも長所を伸ばすことが先決なのである。

プロの世界に入ってくる選手は野球エリートである。高校、大学、社会人で、多くがエースや4番、チームの中心という立場で、その力を認められ、スカウトがリストアップしたのだ。絶対にスカウトが目をつけた光る才能がある。入団したら最初は、そこを伸ばしてやればいい。

ところがコーチの中には「オレが教えたから成長した」と、手柄にしたがる人間が必ずいる。だから最初から〝イジろう〟とする。チェックでもなく、将来を考えたアドバイスでもなく、思いつきで教えている。コーチが教えることに自己満足しているだけで、その指導をまともに聞く選手は、気がついたら、矯正どころか、本来のフォームまで忘れてバラバラになってしまっている。

こういう指導方法は、絶対にアカンと思うし、自分はそんな指導はしない。

選手をイジるな

指導者としての経験値がそれなりにできてきて、長所を伸ばすという指導理論が確固たる信念になってきたタイミングで阪神へ戻ってこいという誘いを受けた。いつも阪神のことが気になっていたし、世話になったオリックスにも多少なりと恩返しができたかな、と判断して、5年ぶりにタイガースのユニホームを着ることにした。

98年は2軍の打撃コーチ。99年から4年間は、2軍監督をした。

まず、2軍監督就任と同時に真っ先にやったことは、コーチ陣に「選手をイジるな」と伝えたことだ。将来を嘱望されているドラフトの大物選手が入ってきたら、コーチ同士が、指導を巡って選手を取り合いするという浅ましい場面をよく見てきた。おそらく後に「ファームで、あのコーチに教えてもらったから成長した。結果を出した」と言われる名誉と、マスコミや球団フロントの高評価を期待するのだろう。

コーチが球団フロントや周囲ばかりを見て手柄を目指してどうする？　それよりも、じつくりと選手それぞれの個性を見極めて、長所を伸ばしてやれ、ということを私はコーチングの大原則とした。例えば打撃コーチが２人制で、それぞれの指導法に違いがあれば選手が迷惑する。指導に一貫性がなく選手に戸惑いを持たせることが、一番危険なのだ。だから「選手をイジるな」と、コーチの意識改革を徹底した。

その頃、ファームにいたのが濱中と関本だった。

濱中は和歌山の南部高出身でエースで４番、通算本塁打51本を放った超高校級打者としてドラフト３位。関本は奈良・天理高時代に夏の甲子園で活躍、大型内野手としてドラフト２位指名されている。２人とも高卒２年目で、将来を期待された才能豊かな選手だった。コーチとして２人をじっくりと見たし、監督になって、まず濱中をファームの４番に据えた。濱中には長打力があった。１軍のチーム事情も長打力を持った柱となりえるバッターが必要だった。だからそれを育てようとした。２軍の目標は勝利ではなく１軍で通用する選手の育成である。どんなに打てなくとも４番は外さない。「自分は何があっても４番なんだ」という意識を持たせることも大事だし、２軍といえども重圧は必要だった。プレッシャーをかけ、４番を任せる重みを感じさせる。そういう育て方を濱中には施した。

関本も同様に長打力はあった。ただ、彼を打撃練習、ゲームと観察していく中で濱中にはない器用さがあることに気づいた。

長打力だけを追求させれば、それに惑わされて自分の持ち味を殺すことにならないか。育成方法について自問自答している最中に、ファームの試合で関本が、1試合2本のホームランを打った。長良川での中日戦である。大したものである。本人も気分がいいだろう。だが、ダイヤモンドを1周している彼の姿が私の目には違和感をもって映った。関本がこれから1軍に上がって生きるのは、この姿ではない。もともと、夏の甲子園の活躍は1番打者だ。私の頭の中に危険を伝えるシグナルが灯った。私は、すぐに関本を呼んだ。

「セキよ。2本のホームランで勘違いしたらアカンぞ」

それだけを伝えた。関本は、怪訝な顔をしていたけど、多分、こちらの意図は感じていたのだろう。今季、進塁打の必要な打順から、長打力が求められる打順まで、すべての打順をこなし、それなりの役割を果たす関本を見て、自分の判断は間違っていなかったと思えるようになった。

その関本には、さらに面白い話がある。私は、2軍の試合が終わると、必ず選手を集めて試合後にミーティングを開いた。その日のゲームで起きたプレーの反省や今後に向けた野球論を伝えたのだが、言いっぱなしではなく、いつも最後に「今の話、わからない者はいるか」と尋ねることにしていた。そこで必ず一人、手を挙げる選手がいた。それが関本だった。「お前、いつもわからんのやな。それでよく名門天理出身って言うな」と茶化してたけど、本当は見所のある選手と気がついていた。これは、2軍監督をしていて発見したことだが、話をしたのちに「わからないヤツはいるか」と質問すると、わかっていない選手ほど、手を挙げないのである。恥ずかしいのか、それとも欲がないのか。わからないまま、その場をやり過ごす。それでいいと思っている若い選手が実に多い。

もちろんミーティング内容をメモするわけでなく、ただ漠然と時間が過ぎるのを待ち、ミーティングが終わればいいと内心思っている。そんな選手が、のちのち1軍に上がった例はほとんどない。その点、関本はよく手を挙げていた。恥ずかしいだろうが、わからないものはわからない。とにかく野球に関して貪欲だった。

何でも吸収してやろうとする姿勢というのは見ていてわかる。2軍の監督という立場で、そういう現代気質を知ることもできたし、選手の特性を見極める期間でもあった。

野村監督との確執の真相

私が2軍監督になることだけが早々と決まっていた98年のオフだ。吉田さんが監督を辞め、次は誰なんやろう…と思っていたら、なんとヤクルト監督の野村さんが監督に就任した。

驚いた。というのも、これまでの長い阪神の歴史の中で極めて珍しい監督像だったからだ。他球団出身の監督といえば、ブレイザーがいたし、中西さんもそう。いわゆる外様監督は珍しくないのだが、野村さんは、この年までヤクルトの監督だったのに〝間〟を置くことなく阪神の監督に就任したのだ。まさか、昨日まで敵だった監督が、すぐに阪神のユニホームを着るとは想像ができなかった。

85年の優勝以来、数多くの監督が阪神を再生しようとチャレンジした。長い暗黒時代だ。日本一監督、吉田さんの再登板も、今回ばかりは、チームを立て直すことができなかった。こうなれば、阪神の生え抜きなどとの固定概念にとらわれていては再建は進まない。本社、球団は考え抜いた末、チームを根本から再建することが必要だという結論を出したのだろう。

野村さんといえば、データを駆使したＩＤ野球が代名詞だ。監督になった野村さんは、自らの野球理論と人生訓のようなものを一冊にまとめた『野村の考え』という資料を全員に配った。率直に言わせてもらうなら、その『野村の考え』は常識的な配球論であり、すべてがキャッチャーの目線、バッテリーの目線から記されているものだと思った。

戦う上において非常に重要な要素ではあるが、そこに打者の目線が欠けているというのが気になった。キャッチャーの目線で分析すれば、打者の目線に通じるものがあるかもしれない。しかし、どうも私は一方的な見方には賛同できない。野球はやはり多角的に見る必要がある、というのが自分の考えだからである。

野村さんが1軍、私が2軍の監督で、マスコミには、「風通しが悪い」「意思の疎通がない」などというようなことを書かれた。確かに年齢もかなり離れているし、ことさら私生活のことを野村さんと話したこともない。

ただ、1軍と2軍という関係は、チーム強化の上で非常に重要な関係を持ち、風通し＝意思の疎通が悪ければ、戦力の底上げ、強化にはつながらない。それほど密に関係しなければならぬものである。

その点からいえば、野村さんと私の密度は薄かったかもしれない。

直接は聞いたことがないし、それが真実なのかもわからない。よく新聞、雑誌などで野村さんは「岡田？　何を考えているかわからん」と語っていると聞くし、楽天の監督になってからも「岡田はエンドランのサインも出さんらしいな」と言ったと聞いた。

何を考えているかわからん…とは、どういう意味なのか。それは野村さんの感じるものであって、自分では自分なりの野球に対する考えを持っているつもりなのだが…。

それに反論するようだが、サインや作戦に関しても状況に応じて戦略は立てている。当たり前のことだ。どこからどういうルートで聞いたかわからないが、エンドランのサインを出すこともある。どちらかと言えば野村さんと自分の考えは正反対なのかもしれない。阪神での3年間、野村さんは、まず選手を見て、欠点を直していくことを最初に考えておられるようだった。

ある事件での確信

先にも書いたが、私の指導理念の基本は、まず長所を探すことだ。その長所を最大限に伸ばす方法を取る。長所を伸ばしていけば、自ずと欠点は矯正されていくという考え。そのあたりの違いはなんとなく気がついていた。それを決定的に確信したのは、濱中の1軍昇格を巡っての、ある事件だった。

1軍と2軍の「風通しが悪い」といっても、必ず選手を1軍に上げる時は、現状を報告するために話はしていた。ある日、1軍から「若手のイキのいい選手はいないか」という連絡があった。野村さんは、若手で長打力のある選手が必要だったようだ。

「濱中はどうや？」と話があったので、私は素直に意見を言った。

「今、状態のいいのは関本です。打率も3割を超えてますし、今なら十分、1軍で働けると思います」と、濱中でなく関本を推薦した。

ところが野村さんは、まったくその報告には耳を貸さなかった。もうその時点では「若くて長打力があって派手さがあってアピールできる選手」として濱中の昇格しか考えていなかったのだ。「今の濱中はダメですよ。上にいけば、今の状態では打てません」とも伝えたが、それは通じなかった。

結果は、濱中を1軍登録し、関本にはお呼びがかからなかった。そういう監督なんだと思った。答えは最初から決まっている。どう意見を言っても、話し合っても、結論は最初から出ているわけだ。案の定、濱中は1軍でさほど打てずにいた。逆に関本は旬の時期を逃がした。確かにこういうことがあって風通しが悪くなり、野村さんとの確執とかを言われるようになったかもしれない。

今岡の時もそうだった。野村さんは今岡のプレーやプレースタイルが気に入らなかった。感情がほとんど表に出ず、プレー自体も雑に映る。技術的問題もあるが、今岡の内面を嫌ったのではないか。

今岡には今岡のよさがある。天性のバッティングセンスを持ち、精神的には、物事にあまりとらわれないおおらかさがある。しかし、それは野村さんには認められなかったようだ。2軍に落ち、「とにかく腐るな」と私は、ポジティブな気持ちを持たせるように今岡に接した。これが2軍の責務とは思うが、今岡自身、かなり野村さんの指導方法には参っていたようだった。

私は、野村さんと確執があるなんて3年間で一度も思ったことはない。野村さんは私をどう思っていたかはわからないが、少なくとも私は1軍からの要請があれば、それにふさわしい人材を1軍に上げようとはした。

そこに意思の疎通が図れなかったというわけではない。面白がってマスコミは、野村さんとの関係を不仲と書いたとは思うのだが…。

私が監督に就任した後、交流戦の楽天の試合前に、よく野村さんと話をするようになった。会う度に「誰かいいピッチャーをくれんか」と、例のボソボソとした口調で申し込まれたものだ。

その時、私はただ、ニタッと笑うことにしていた。

星野阪神にコーチとして入閣

01年12月、沙知代夫人が脱税で逮捕された事件の直後に、野村さんが監督を辞任した。退団と、ほぼ同時にスポーツ新聞2紙が「阪神、星野氏招聘へ」というニュースを掲載した。同じ日にスポーツ紙2紙が、それを追いかけるニュースを流す。私に情報は入っていなかったが、これは間違いないと思った。

「野村さんの次はいよいよ星野さんか」

すごい人が、こうも続けて監督になるのか…というのが、その時の印象だった。中日一筋、ミスタードラゴンズとも言える人が、中日監督を辞任した直後に、間髪を入れず阪神の監督に就任するというのだ。

その星野さんが、正式就任する前に偶然、話をする機会を得た。12月。ちょうど上坂太一郎内野手の結婚式に招かれて出席した日だった。披露宴に星野さんが突然、現われた。同じホテルで阪神と監督の契約交渉をしていたそうだが、本当にサプライズだった。上坂は感激していたし、列席していた方たちも大いに盛り上がった。その時に交わしたのが、星野さんとの阪神での最初の会話だった。

「おい、頼むぞ。オレは阪神のこと、まったく知らないんだから、よろしく頼む」

いかにも星野さんらしい言葉だった。とにかく精力的で、押しの強さは想像以上だった。

星野さんの来た02年は、64年ぶりの開幕7連勝を記録するなど、チームに久々に活気が戻った。しかしその後、連敗を重ね、最終的に4位に終わった。ちょっと期待外れだった。ファンもそう思っていた。

だから03年は相当の覚悟で臨むことはわかっていたし、FAで金本を獲ったし、メジャー帰りの伊良部秀輝も戦力に加わった。戦力的にも準備は整ったという感じだった。初年度は1軍監督と2軍監督の関係だったが、このシーズンからは私も1軍コーチに呼ばれることになった。

これほど重いコーチングスタッフも珍しかった。打撃コーチの田淵さんにバッテリーコーチの達川光男さんと、監督経験者が２人。それに07年に亡くなられた島野育夫さんがヘッドで、佐藤義則さんと西本聖さんがピッチングコーチ。

私は、その超重量級スタッフの一員になるわけだが、担当は内野守備走塁コーチ。三塁コーチャーズボックスに入ることになる。これまでは2軍監督、コーチとしては打撃部門しか経験がなかったから戸惑いはあった。星野さんには「好きにしてくれ。思った通りにやればええから」と言われていた。

これまでは敵の監督としてしか見たことがなかった。相手チームの内部までわからない。果たしてどんな監督だろうか…そんな思いで、星野監督のスタッフの一員となったのだが、一番勉強になったのが、選手をその気にさせる上手さだった。どうすれば選手がやる気になるか。モチベーションを高めるという、とても大切な課題を自然体で成功させていた。例えば、選手の奥さんの誕生日を調べて、プレゼントを贈るなどの細かい気配りをされるのだ。

もちろん勝負、勝利へのこだわりは、尋常ではない。勝負する者としては当たり前のことなのだが、それまでの阪神には、負け犬根性のようなものがべっとりと染みついていて、勝利への意識がどこかで欠けていた。

星野さんが阪神にきたお陰で、やっと勝利に対する意識が戻ってきたと感じた。負けてもなんとも感じなかった、それまでが異常で、ようやく原点に戻った、星野さんが普通に戻してくれた、というほうがあてはまっているのかもしれない。

星野監督から引き継いだもの

03年のシーズンは、開幕からすさまじい勢いで勝ち続けた。5、6、7月と勢いは一向に衰えない。早々と優勝マジックが出た。だが、8月のロードの頃に一気にマジックの減るペースがダウンした。

その時は、さすがに星野さんも怒った。コーチミーティングで怒鳴り散らして引き締めにかかっていた。島野さんも平気で怒鳴られていたし、田淵さん、達川さん、西本さんも絞られていた。ただ不思議なことに、私は一度も星野さんに怒鳴られないのだ。三塁コーチャーズボックスに立ち、ホームに突っ込ませてアウトとなったこともあった。そんな時も、小言はなかった。

「思い切っていけ。好きに判断してやれ」と言われることがあっても、ミスを責められることはない。どうして自分だけ怒られないのか。自分でも不思議やなとは感じていた。ふとスタッフの顔ぶれを見渡せば、阪神生え抜きのスタッフが自分だけ、というバックボーンがあったかもしれない。星野さんが気をつかってくれたのか。

当時、ジョージ・アリアスという外国人選手がいた。好不調の波が激しいバッターだった。そのシーズン、アリアスが遠征先で部屋に訪ねてきて「バッティングを教えてほしい」と言ってきたことがある。

「三塁コーチャーズボックスから見て、自分の打撃はどうなっているか。それをアドバイスしてくれ」というものだったが、自分は守備走塁コーチだし、バッティングコーチは田淵さんだ。それは越権行為になるから気が引ける。それでもアリアスが「ぜひに」と頼むので、気がついた点だけを教えた。

ただ、越権行為は組織を乱すので、マネージャーを通して、その経緯を星野さんに伝えることにした。だが、アリアスを教えた件に関して星野さんからは何のリアクションもなかった。規律には厳しい人だが、筋さえ通しておけば認める。そういう監督だった。

星野さんは、03年の福岡ダイエー・ホークスとの日本シリーズ中に辞任を明らかにした。その前から薄々、退団の動きがあるのはわかっていた。実は、2年前に星野さんから「いいチームにしてお前に渡すから」と言われていたし、日本シリーズに入る前から、「来季に向けてのスタッフを考えとけ」というようなことも告げられていた。

だからシリーズ中に「体調による辞任」と報道されても、さほど驚きはなかった。ただ、関係者は一様にびっくりしたと思う。まさかリーグ優勝して監督を辞めるとは誰も思わない。しかし、信頼の厚かった島野さんだけは別で、星野監督から辞任の相談を受けていたし、その島野さんからも「次はお前や。今から次のスタッフを考え、決めていかなあかんぞ」とも言われていた。今だから明かせる話だ。

よく星野さんは「阪神の監督はプレッシャーがかかる。ある意味、巨人以上かもしれん」と言っていたが、それは事実だろう。やはり熱狂的なファンの期待を集め、それに応えなければならない重圧。これは阪神ならではのものだと思うし、星野さんが言うようにそれは巨人以上かもしれない。

重圧の影響かどうかを私が知る術はないけれど、星野さんの体調が思わしくないというシーンを何度も見た。ゲーム中、ベンチの裏に引っ込み、応急処置する時もあった。そういう状況の中で、闘争心を失うことはなく、選手のモチベーションを高め、保ち、力を引き出していった。監督として見習う点は多かった。

しかし、いわゆる星野イズムは、星野さんだけのもので、自分には、自分のイズムがある。ファンや一部のマスコミから、ベンチの中でもっと激しさを出せとか、パフォーマンスを見せろとか言われた時もあったけど、私にはできない。第一、そんなことをしても似合わないのはわかっている。

星野さんがやるから絵になり、効果もあるわけで、自分には自分のやり方がある。星野さんには星野さんのやり方があったわけで、それを監督として真似ようなんてことは、まったく思わなかった。監督のスタイルというのは、一つのパターンでくくられるものではないのである。

52
松

KANEMOTO
6
Tigers
80
IWA
URA
FUJI
31

第5章　信念を貫く

暗黒時代を糧に

03年の日本シリーズ中に星野さんから「あとはお前がやれ」と告げられた。その前に気配があったから、「ああ、そういうことか」と思ったけれど、いざ監督就任が現実の話になれば、様々なプランが頭を駆けめぐった。

監督を受けると決めて、最初に心に誓ったのは「阪神を常に優勝争いできるチームにすること」だった。常勝軍団作りである。

私は、よく過去を振り返る。80年に阪神に入団してから93年に退団するまで、6人の監督と巡り会い、優勝も経験し、日本一にもなった。これが天国という時代も経験したし、最下位、Bクラスに低迷し地獄のような経験もした。1位から6位まですべての順位を経験している。非常に珍しい体験だろうと思う。

優勝したのは最高の気分だったけど、それ以上に胸に刻まれているのが暗黒時代と呼ばれた時期のことだ。首脳陣が苦しみ、選手も苦しみ、みんなが過ごした辛い日々。なぜか負の歴史のほうが印象に強く残っている。

今でこそ強いタイガースと言われ、優勝争いをして当たり前のようになっているけれど、昔は決してそういう目では見られていなかった。優勝という頂から急な坂道を転げ落ちるように評価や信頼が暴落する。あまりに大きなギャップだった。

ただ、その経験が大きな糧となった。

私にはそう思えてならない。強いチームは、そう簡単にできるものではない。屈辱の歴史があり、それをバネに作り出してきたもの、と自分なりに認識している。

ブレイザー、中西さん、安藤さん、吉田さん、村山さん、中村さん…。私が関わった監督が強いチームにしようと、もがきながら戦ってきた基礎がある。これらの土台を決して忘れてはいけないと思うし、その歴史に野村さん、星野さんが肉付けしてくれて、私につながったのだ。

監督になった時、私は改めて暗黒時代のことを思い起こしていた。チームというのは一朝一夕で強くなれるものではない。伝統と歴史があり、栄光と挫折がある。その繰り返しの中に、フロントにとっても、現場にとっても、反面教師があり、収穫があり、それが未来につながっていく。

負の歴史があったからこそ、学ぶものがあり強者への道が開けた。それは間違いない。

いつも負けていた時代、ファンにボロカスに罵られ、それでも我慢を重ねていたそれぞれの時代の監督、そしてコーチ、選手。私にとって、そういうどん底の阪神を体験したことは大きな財産になっている。

こうなればチームは弱くなる。こうすればチームは強化される。歓声と罵声のギャップをイヤというほど味わったからこそ、もう2度と暗黒時代に戻してはいけない、という思いが強くなる。

マスコミへの情報開示

阪神を語る時、「マスコミ」は避けては通れぬ関係である。最近、メジャーリーグの取材から帰国した親しい記者にこんなことを聞いた。

「ニューヨーク・ヤンキースでもボストン・レッドソックスでも、これだけの番記者はいない。阪神は世界で一番数多い記者が集まるチームでしょう」と。スポーツ各紙に、一般紙、夕刊紙、そこにプラスして関西のテレビ各局に番記者がいる。

それだけ注目されているということは、実にありがたいことではある。だが、注目の度合が大きければ大きいほど重圧がかかってくる。星野さんは、「阪神の監督は、巨人以上にプレッシャーを受ける。身を削る思いだ」と言っていた。野村さんも「虎番は怖い」と口にしていた。

これは昔からそうだった。阪神は常にマスコミの監視下にあった。先にも書いたが、私が阪神に入団してから監督は6人も替わった。その都度、監督人事はマスコミ先行だった。時には正確な報道もあれば、何の根拠もないのに、派手にぶち上げる新聞もあった。それでも選手の立場では、それを信じたりするのだ。

私も現役時代にはいろいろ書かれた。言ってもいないことを大きく報道された。そういう経験を経てきたからこそ、私は監督になるにあたって球団に伝えたことがある。現場で起きたことに関する「情報開示」。これを広報に徹底したいということだった。

例えばある選手が故障する。これを隠すのではなく、マスコミに事実を先に伝える作業をお願いした。というのも、隠しても、必ずマスコミは気づく。あるいは詮索される。そうすれば、どうしても誇張されたり、情報に対して尾ひれがつき、事実と違う方向で記事にされる。そうなると、グラウンド外にいらぬ神経をつかうことになってしまう。

中日の落合監督のように、徹底して外に情報を漏らさない方法もある。チームの機密に関することだから、重大事の漏洩を防ぐためには、どんな小さな情報も流さない。それも手段の一つだが、阪神というマスコミが殺到する特殊性のあるチーム事情からいけば、私は、マスコミが知るより先に情報を開示することのほうがベターな方策だと思っていた。

どんな小さな情報でも開示することによって、マスコミに想像を加える余地がなくなる。広報という文字は、広く報じるという意味ではないか。極めてクリーンで、マスコミとの摩擦をも消し、後に尾をひかぬ方法。それを私は、この5年間の監督生活で徹底したのである。

クライマックスシリーズへの反論

今季9月13、14日の連休に巨人が東京ドームのヤクルト戦をデーゲームで開催した。私は、それを知って驚いた。「ここまできたのか」と。

9月に入ってのデーゲームは観客動員などの関係で、導入されることが多いのだが、昔は「巨人だけは、それでもナイター」が常識だった。視聴率が取れるから、莫大な放映権料が支払われるプライムタイムで開催されてきたのだろう。

しかし、選手や指導者の立場では「なんでや、巨人だけ」と反感を抱いてきたものだった。それが、今や巨人戦の視聴率が低迷。巨人がデーゲームをする時代になった。確かにプロ野球は大きな変革の時期を迎えている。

クライマックスシリーズは、そういう環境の中、人気回復策の一つとしてパ・リーグが最初にスタートさせたシステムだった。セ・リーグも追随する形で導入したけれど、現場の最高責任者である監督として、現場サイドの意見を一度も求められたことがない。知らぬうちにルール化されていて驚いたというのが正直な感想だ。

パ・リーグは、昔から前・後期制のプレーオフなど、独自のルールを創ってセに追いつけ、追い越せで人気挽回に様々な手を打ってきた。パはパ、セはセの個性があってもいいはずだ。セ・リーグは、本来のレギュラーシーズン制を守ってよかったのではないか。

こういう発言をすれば誤解を生むかもしれないけれど、クライマックスシリーズは、〝おまけ〟だと思っている。シーズンの144試合の結果と、たった3試合やそこらの結果の、どちらが重要で、どちらに意味があるかは、説明するまでもないだろう。

なのに、そこで敗れ、日本シリーズ出場ができないと、１４４試合もの長いシーズンを戦った努力と、過程と評価の価値を否定されることになるのだ。これはプロスポーツの評価としていかがなものだろうか。

日本プロ野球改革への私案

阪神タイガースは、ファンの方々に支えられ観客動員もすごいし、テレビの視聴率も悪くないと聞いている。阪神タイガースだけではなく、やはり日本のプロ野球は、魅力があるのだ。けれど、力のある人気選手が次々とメジャーリーグへ流出している。

移籍に関して年俸もゼロが一つ違っている。スタジアムなどの環境なども含めて、メジャーが日本のプロ野球に増して魅力的なのはよくわかる。選手だけでなく、ファンの方々も、その魅力に引き寄せられている。その流れは止めることはできないかもしれない。

阪神からも、井川が06年オフにメジャー移籍した。何年も前から、彼は、メジャー行きを訴えてきた。欠けては困るローテーション投手だったが、私は、その流れはもう止められないと考えていた。もちろん、フロントが決断する問題だが、最終的な決断を誰がするかで責任回避を続けていた。最後は私が、前年のキャンプイン前日に井川を部屋に呼んで、「最後に阪神でいい成績を残して阪神のために阪神代表としてメジャーに挑戦してほしい」と伝えた。

〝阪神代表〟の井川の今の成績は、甚だ残念ではあるが…。

現在、間接的ではあるが、藤川がメジャー移籍を希望としているという話も伝わっている。どう考えているのだろう、と心配である。藤川のいない阪神投手陣は考えられない。フロントには、全力をもって慰留をお願いしたい。

メジャーへの人材の流出もそうだが、日本プロ野球が、未来に向けて変化をしなければならないことも確かである。

日本プロ野球の改革に関して、私には、一つの私案がある。それは、外国人選手の各球団の出場選手枠をもっと減らすことだ。極論で言えば、ゼロにしてはどうかという案だ。なぜかと言えば、近年、外国人選手が各球団を渡り歩き、主軸として活躍するケースが増えているからだ。

巨人のラミレス、セス・グライシンガーは、ヤクルトからの移籍だし、中日のウッズも横浜、オリックスのタフィ・ローズは、近鉄→巨人、アレックス・カブレラも元西武ライオンズ。楽天がシーズン途中に獲ったフェルナンド・セギノールも日本ハムの元クリーンアップだ。

実質、そのほとんどの選手は、年俸などの条件闘争を起こして移籍している。マネーゲームの末、高額な年俸となり、球団によっては、それが経営を圧迫しかねない状態にもなる。他の選手にも影響を及ぼす。

一番大きな悪影響は、若手日本人選手の働き場所を奪ってしまうことだ。ますます日本人のスターが生まれにくくなる。チームを強化するには最短の方法かもしれないが、それがファンに楽しんでもらう、喜んでもらう最良の方法だろうか。ある意味、極論を書いたが、この外国人の問題こそ、もっと議論を深めてほしいと声を大にしたい。

家族の支え

生まれた時から自分の人生は決まっていたように思う。阪神ファンの父が敷いたレールの上を走ってきた。阪神に入るために、親父には厳しく育てられた。幼い頃からこんなことを告げられていた。

「野球選手は目が命や。教科書以外、本は読むな」

無茶なことを命じられたものだ。書物を読むと視力が落ちる。細かい字は読むな。そんなアホな、と思われるだろうが、親父は平気でそう言ったのだ。

とにかく阪神に入れ。そのことしかなかった。野球の練習に明け暮れた。振り返れば中学時代が人生で一番練習した時期だったと思う。だから家族旅行とかの思い出はほとんどない。けれど、感謝している。父の願い通りに阪神に入り、阪神の監督になった。母もそうだけど、目標のために両親が大きな犠牲を払ってくれた。正直、家族には感謝以外の言葉は見つからない。

自分が家庭を持ったのは入団３年目の82年だった。知人の紹介で陽子に出会って、82年の春に婚約した。当時はまだ写真週刊誌はなく、誰にも感づかれることなく付き合っていたけれど、ある日、当時の球団社長の小津正次郎さんに知られてしまった。

「よし、オレが仲人をやるから」と、話がどんどん進んで、婚約会見の段取りまで小津さんがやってしまった。当時「オズの魔法使い」と呼ばれて、江川さんと小林繁さんのトレードを決めたりと、最も勢いのあった時代だ。小津さんの強引さもあって、結婚がアッという間に決まった。

妻にはいまさらながら感謝している。小さなことにはクヨクヨせず、実におおらかな性格。英語が堪能で、自分が選手会長の時、外国人選手を世話しなければならない場合、妻が事細かなことまで配慮して、外国人選手の家族とコミュニケーションを取ってくれたり、常に陰でサポートしてくれた。

93年のオフが夫婦で最も苦しかった時だと思う。阪神を戦力外になり、これから先、どうするかを悩んだ時期。球団から連絡はなく、情報はスポーツ紙から得るしかない。自分としてはまだ現役を続けたいと考えていたが、妻はまったく余計なことを言わなかった。ただ最後に「思ったようにやってください。私たちはついていくだけですから。悔いは残さないで」と告げられて、自分はオリックスに世話になることを決めた。

監督になってからも、家ではほとんど野球のことはしゃべらない。妻も気をつかってくれていたんだろう。どんなにチームの調子が悪くても、まったく普段通り。私が一人リビングで考えごとをしていると、さりげなくテーブルの上にビデオテープが置いてある。デッキに入れて見てみると、吉本系のお笑い番組の録画だった。

関西人の自分はやはりリラックスする時は、こういったお笑い番組をよく見る。それを知っているから、妻はそれを録画してくれていて、これを見て、笑ってください…と気を配ってくれたんだろう。

実は07年のシーズン途中、外国人投手のライアン・ボーグルソンが起用法に不満を持ち、帰国する、と言い出した。その報告が球団からあり、自分はボーグルソンと家族を神戸のホテルに呼んだ。妻を伴って車で神戸に向かい、ホテルでボーグルソンと対面した。妻に通訳を頼み、こちらの考えを伝えた。この時も妻には助けられた。ボーグルソンは納得して、帰国を取りやめた。

子供ができたのは86年。陽集と命名した。もちろん野球選手の子供だから、将来は野球選手に、と思っていた。だが、幼い頃にキャッチボールをしていて、「こりゃ無理だ」と思った。だから息子には好きな道を歩ませようと思った。自分は親父の教え通りに野球選手になったけど、息子にはそれを強要しなかった。

センスがあるかないかはすぐにわかる。センスがないのに無理矢理野球の世界に引き込んだら子供がかわいそうだ。自分にはこだわりはまったくない。野球選手の息子だから野球がうまい…なんて決まってないし、実際、陽集はそうではなかった。

親馬鹿かもしれないが、素直に育ってくれたし、勉強も頑張った。幸い国立大学に進み、部活はゴルフ部。今では自分をはるかオーバードライブするくらいだ。そして、この春から商社に就職した。私は、進学や就職に一切力を貸していない。

聞くところによると最近になって社内で、「実は岡田陽集の父親は、阪神の監督らしい」という話が広まったとか。ある商社の偉いさんには、「岡田さんの息子さんが、ウチの会社の面接を受けられていたみたいで…なぜ早く言ってくれなかったのですか。優秀な人材は、他に取られたくなかったですよ」と言われた。

そういう話を聞くと、一人息子だから心配はしていたが、しっかりと自立心を持った男になったと思う。親父とはまったく違う世界に進んだが、仕事で海外に出ることも多く、東京遠征などで会った際に楽しそうに仕事の話をする息子を見ると、やはりうれしくなってしまう。

家庭はやはり安らぎである。私はこれまで野球一筋に生きてきた。今は親となったが、その親父を野球だけに向かせてくれる環境を、家族が作ってくれた。ナイターが終わり、一人でそんなことを考え、私は、ありがたさを噛みしめた。

ストレス解消法

自分で言うのもなんだが、結構、切り替えが早いと思う。あまり引きずることがない。そりゃ悔しい負けもあり、眠れないくらい腹の立つこともあった。でも1日経てば忘れる。そうしないとストレスがたまって、パンクしそうになる。

監督業は、こんなことの繰り返しだ。

切り替えの方法といえば、やっぱり酒である。現役時代からよく飲んだ。酒は強かったと思う。ただ最近は量は飲まない。ゆっくり時間をかけて飲むというスタイルである。昔は野球選手といえばブランデーという時代があった。私は今、焼酎党である。

ビールで最初、喉を潤し、そこから焼酎の水割りだ。次の日に残らないから楽だ。食が細くなって、つまみが少しあれば、それで満足するタイプ。それで野球から離れた話をするのが、ストレス解消法だった。

現役時代、レコードを出したこともあって唄は好きだ。先にも書いたが、小学校時代にキャバレーで歌っていたくらいだから、そのカラオケもイライラを解消してくれる。遠征に出たら、虎番記者と一緒に、しばしばカラオケに行った。ほとんど歌う曲は決まっている。いわゆる懐メロが多い。

親父が島倉千代子さんと親しかったこともあり、昔から自然と島倉さんの歌は覚えていた。だから今もカラオケの十八番は島倉さんの歌。それとビリーバンバンの『白いブランコ』も歌う。点数の出るカラオケで競ったりして、夢中になりすぎて、ストレス解消どころか余計に熱くなったり…。勝負師である限り、こんな遊びでも負けたくない。負けず嫌いがこんなところにも出る。

意外に思われるかもしれないが、マジックもやる。そう、手品。手先が器用で、いつの間にか手品を覚えた。ネタは結構ある。コインを使ったものとか、コップを使ったものとか。持ちネタは20くらいあるんじゃないか。これも飲みに行った時の流れ。カラオケが終わった後に「よっしゃあ」とマジックショーに移る。結構、集中してやるから、これも嫌なことを忘れるにはもってこいかもしれない。

家庭では、ＤＳの脳トレもやっている。やはりいつも脳を動かさないといけないと思っている。考えたり、脳を働かすことは大切だと思う。時にはボーっとして何も考えない時間も必要なのだろうが、実は脳が退化することが怖いので、息子とゲーム機で脳を活性化させている。そのせいか、帽子のサイズが大きくなった。脳が大きくなったのかどうかは、わからないが…これは本当の話である。

こんなことをやりながら、ストレスを解消していたのだが、私を最も癒してくれたのは、本当はジーニかもしれない。家で飼っていたイングリッシュ・スプリンガースパニエル。13歳を目前にしたおばあちゃん犬だった。

ジーニは、今年の9月、天寿をまっとうした。

13年も一緒に暮らしていると家族同然で、試合が終わって家に帰れば、玄関まで迎えにきてくれた。ジーニには本当に癒された。今年に入って随分弱り、階段の上り下りができなくなったので、ジーニのためにスロープを造った。家族みんなで可愛がっていたのだ。

その日、妻は一日、泣いていた。

私たちは、ジーニが元気だった頃に甲子園のホームベース付近で撮影した写真を飾って牌壇を作った。私の5年間の監督生活を見届けて逝ったジーニは、私のストレスをすべて受け止めてくれて天国に旅立ったのかもしれない。

ブレイザーからのメッセージ

監督とはいろいろ考えることが仕事である。考えるのが、日常なのだ。どうすればチームが強くなるのか。どうすれば力を発揮させられるのか。頭の中はそればかりである。

先にも書いたが、私が阪神に入団した時、ブレイザー監督にいきなりこう言われた。

「いくら力のあるルーキーでも、最初からは起用しない。メジャーリーグではそういうことが当たり前なのだ」

何を言っているのか、最初は理解できなかった。プロは力の世界。年数は関係ない。力があればゲームに出られる。そう思っていたから、ブレイザーの言葉は信用できなかった。ところが本当に使われなかった。腹が立ったし、憎みもした。悶々とした日々を送ったものである。

ところが5月途中、自分の起用法を巡り、ブレイザーは球団と対立、さらにファンの圧力に嫌気がさして退団するという噂が耳に入った。ブレイザーは本当に突然、ユニホームを脱ぎ、アメリカに帰った。複雑な心境ではあったが、これで力を発揮できると思うと正直、うれしい気持ちもあった。

しかし、後年、ブレイザーに親しい人物から、彼のこんなメッセージを聞かされた。

「オカダよ。何もキミが憎くて使わなかったのではない。期待され入団してきたルーキーであるから余計に起用法を私は考えた。余分な力みを生まない、楽なところから使ってやりたかった。だから、時期がずれたのだ。リラックスしてゲームに入れるように、と考えた結果なのだ。憎かったわけじゃない。それを最後に伝えておくよ」

今となれば、ブレイザーのこのメッセージはある程度、理解できるようになった。ブレイザーもかなり悩んだだろうし、考えたのだろう。自分が監督になり、そのことはよくわかった。

星野さんは「阪神の監督は命を削る」と表現したらしい。それほど重圧を受けるポジションであるし、想像を絶するストレスがたまる。

巨人との死闘が続いた今季終盤はストレスで食事が喉を通らなかった。眠れぬ夜も続いた。07年の終盤もそうだった。10連勝で一旦首位に立ったが、その後8連敗し、優勝を逃した。遠征先のホテルで何度も嘔吐し、汚れたカーペットを自分で掃除したこともあった。あまり、こういう話は口に出すべきものではないけれど、星野さんの言ったことは本当だった、と感じたことは何度もあった。

孤独に勝つ

私には頑固とか、強気とか、プラス思考といったイメージがあるようだ。確かに頑固だとは思う。人の意見には、あまり惑わされない。自分の考えを貫くという気持ちは強い。こういうスタイルを頑固と呼ぶならば間違いなく頑固者だろう。ただプラス思考ではない。野球では間違いなくマイナス思考。ここからスタートしている。

私はゴルフが好きで、オフはかなりの回数、ゴルフ場に行く。ゴルフでは、いつもプラス思考で、いいイメージしか浮かべないようにしているが、こと野球に関してはマイナスから考えるのだ。常に最悪の事態を想定してゲームを進める。これが自分の監督論といえる。いいことばかり考えて進めていけば、逆の状況に事態が動いた時の対処が必ず遅れるからだ。

逆にマイナスからスタートしていれば、ある程度、想定内で物事を考えられるし、辛抱するべきところはするし、対応を迫られる時も、スムースに運べる。まさか…と思うか、やはり…と思うのか。その差は対応力にはっきりと出る、と自分では考えている。

マイナスからのスタートは弱気ではない。最悪を考えることは、弱気ではなく、そこからプラスを生む要素があるからなのだ。きょうは負けるかな…と考えることによって、勝つ方策を懸命に探す。勝つだろう…と思って臨めば、逆の展開になった時、そのイメージがない分、立ち遅れが必ず生まれる。これが怖いから、私は負けることを最初に想定しながら、そこから勝てるような戦術、起用法に向かっていく。野球はこれくらいがちょうどいいのである。

ギャンブルにしてもそうだろう。負けると思っていて、勝利が転がりこんできたら、うれしさが倍増する。私は、だから、マイナス思考から、選手の調子も先に先に察知する。打てなくなってから交代していては、遅い。打てなくなる兆候を察知して、マイナス思考から、次を準備するのだ。それは投手の状態にしても同じだ。マイナス思考とは、裏を返せば、常に見極めを求められることになる。

そんな繰り返しでゲームを続けると、当然、先に書いたように眠れぬ夜が続き、ストレスがたまる。あれこれ考え、気がつけば外が明るかった、なんてことは何度もあった。でもこれは監督になった時点で覚悟していたものだし、逃げ出すことのできないものと決めていた。

監督とは、孤独に勝たねばならない。

これもブレイザーが言っていたことである。責任をすべて背負うポジションだから、精神的な強さは必要だ。自分の考えでチームの方針が変わるし、戦術も変化する。その責任がある。考えるのは自分一人。孤独になって当然だし、それに勝たなければならない。だから精神的な負担がのしかかってくるが、逃げるわけにはいかない。

眠れない、食欲がない。そんなことは監督になった時点で、当たり前と思わねばならない。やはり強さがなければ監督はつとまらない。それだけの責任があることを自覚しているから、常に前を向くことができたと私は思っている。

タイガースの未来のために

10月14日にホテルの一室で坂井オーナーと会談した際には、いろいろな話をさせてもらったが、言ったことと言わなかったことがある。いずれ、どこかで、忌憚のない意見を交換できる機会があればいいとは思うが、ここで、これからのタイガースについて、私の考えを記することにする。

提言と言うほどのものではない。しかし、これからも強いタイガースでいてもらいたいために、自分なりの考えを明かしたい。

球界を取り巻く状況について、「カネで勝ちを買える」といった声を耳にする。確かにいい選手を獲得するには、莫大な補強費がかかる時代になったし、この流れを変えるのは難しい。ただ、そういう流れは、おもしろ味がないのも事実である。豊富な戦力があれば勝てる。当たり前のことだが、逆にあの手この手を駆使して、やりくりして強くしていく妙味というか、そういうのも監督の楽しみでもある。

さて今後のタイガースだが、私は、これからもある程度、勝てるチーム力を維持できると思っている。その根拠は投手陣にある。これほど頭数がそろったスタッフがいるチームはそうないだろう。年齢的には下柳だけが突出している状況で、あとのスタッフは若い。若くて力がある。私は今後、これらのスタッフがさらに成長していくイメージがあり、十分に他球団と張り合える戦力と判断している。

やはり問題は打線だろう。その中で特に外国人選手にかかるウエイトはかなり高い。現実に今季もそうだった。巨人のラミレスに代表されるように、日本で実績を積んだ外国人にはほとんど計算違いはない。楽天に入団したセギノールもそうだ。

来日経験のない新外国人を獲得するのはギャンブル性が高い補強策だ。かなりのリスクを伴う。今年、入団したルー・フォードも我々が事前に見たのはビデオだけ。それだけでは日本の野球に対応できるかを判断するのは困難である。ただ、そのわずかな資料で獲得を決めるわけだから、リスキーであるのは理解してもらえると思う。1年目から日本で初めてプレーする選手が働けるかどうか。やはりしんどいと言わざるを得ない。未知数な部分が多すぎて、計算が立たないのである。

今シーズンのタイガースは攻撃だけで言えば外国人選手無しで戦ったようなものだった。フォードには一度、自分がアドバイスを送って修正しようと試みたけど、それも実らなかった。やはり外国人抜きで打線を組み立てることは難しい。それを痛感した1年だったし、本塁打数の少なさにそれが如実に現われていた。

　だから今後のことだが、他球団でそこそこの数字を残し、日本の野球に対応できる可能性を秘めた外国人を獲得していくのが、賢明ではないか、と自分なりに感じている。

　それと阪神という球団を取り巻く環境にも問題がある。関西のスポーツ紙、放送局は常にタイガースのことを大きく取り上げてくれる。実績もないのに、いいところでヒットを打てば、それこそ神様のように扱ってくれる。そこで勘違いが生じる。私はこれが怖いのである。人間というのはどうしても流されていくところがある。もてはやされ、スターのように扱われれば、どうしても足下が見えなくなってしまう。若い選手がそこでどう感じるか。一夜にしてスターになれば、それは自分が見えなくなることの始まりかもしれないのだ。練習にも変化が出るし、やるべきことができなくなる。それで消えていった若い選手を何人も見てきた。

　それほどタイガースは環境に左右されるチームなのだ。そういった精神的な面も含め、しっかりと地に足をつけた若手が伸びていくこと。これが育ってこないことには、なかなか強固な打線は組めない。

さらに最も大事な問題が、球団フロントにある。今季終盤の10月から、甲子園が改装工事に入り、使用できなかった。首位決戦の重要な時期に本拠地が使えない。これは大きなポイントだった。どうしても悪い方に考えてしまうのだが、「10月から使えない」と聞いた時、最初からペナントはどうでもいいと思っていたのか、という気持ちになった。今季の本拠地勝率を見てもらえばわかるが、甲子園で戦うことのアドバンテージは計り知れない。私の目指した「守りの野球」は、広い甲子園でこそ生きる。そして何より、甲子園には地元ファンという最強の味方がいる。そういう面を球団には考えて欲しかったというのが偽らざる思いだった。

09年の開幕に間に合わせるためのスケジュールだろうが、その中で融通をきかすことはできなかったのか。フロントのバックアップがあってよかったのではないか。

野球界というのは特殊な世界である。サラリーマンの世界ではない。多分、選手は野球以外のことで怒られたことはないだろう。そういう特殊な世界だけに、球団フロントの中に野球人の気持ちがわかる人間がいてくれたらと何度も思った。いわゆるユニホームを着た経験のある人物がフロントにいたら…ということなのだ。現場の気持ちがわからないからだろうか。巨人に3連敗を喫した9月の闘いでは、遠征に同行していたフロントとの会話は一度としてなかったのである。

自分の現役時代のことを思い起こしてみた。管理部、広報担当、マネジャーといった現場と密接な関係にあるポジションに、自分の現役時代にはそれなりの人が就いていた。新聞記者からスカウト部長まで務めた故・小林治彦さん、大阪タイガースからの生え抜きだった浅越桂一さん、現役時代、王貞治と宿命の対決を演じ、後に新聞記者経験もある本間勝さんらが、睨みを利かしていた。私たちにとっても、それは怖い存在だった。威圧感があったというか、社会人としての教育もしてくれて、よく怒られた経験がある。それは選手の気持ちが理解できるからである。そういう人がいるといないでは大きな違いがある。

現在は悲しいかな、そういう人物がフロントにはいない。球団フロントからの目に見えるバックアップも必要だが、内面からのバックアップが必要なケースもある。それがチームには大切な要素で、その意味のフロント強化は重要なのだ。

球団は企業である。それは十分過ぎるほど理解している。しかし、それだけで割り切れない部分を含んでいるのが野球界という世界の特殊性なのだ。自分が監督を務めた5年間で痛感したことは、〝常勝軍団〟を作るには、フロントのバックアップが不可欠だということである。

次の監督になられる真弓さんは、85年に日本一になった時、1番を打ち、ともに戦った「戦友」である。年齢は自分より4歳上で、パ・リーグから移籍してきた。当時は掛布さんや自分を立ててくれ、常に控えめな印象が残っている。真弓さん自身、生え抜きでないという意識があったのかもしれないが、チームの中でも目立つような振る舞いはなかった。

現役を終え、コーチをされ、近年は評論家をされていた。私は、真弓さんと現場で監督と評論家という立場で接してきたが、バランス感覚のある人だし、私も安心してバトンを渡せる。真弓さんには頑張ってもらいたい。私は、こんな形でユニホームを脱いだけれど、いつまでも「阪神ファン」であることに変わらない自分がいるわけだから。

さて、5年に及ぶ闘いが終わった今、これから先のことは、何も考えていない。しいて言うなら、海外に妻と一緒に行って、ゴルフ三昧の生活でも送ってノンビリとしたい。毎年、2、3月は、プロ野球キャンプの時期で旅行などしたこともなかったから、札幌雪祭りでも見に行ければいいかなとも思っている。妻にはずっと苦労をかけてきたのだから、そのくらいのサービスはするべきだろう。

「いつか再びタイガースのユニホームを」という話もいろんな方々がおっしゃっていただくが、正直、今は野球のことは何も考えられない。中途半端に球団に籍を置いたままにしておくことなど、さらさら考えてもいない。

ただ、繰り返しになるが、私は、永遠の「阪神ファン」である。

そのことだけは、確かである。

みずほ銀
ucc
OKADA
80
アサヒ

年度別選手成績・監督成績

年度別選手成績

年度	球団	試合	安打	本塁打	打点	打率	打率順位	チーム順位
80	阪神	108	109	18	54	.290	13	⑤
81	〃	130	140	20	76	.289	15	③
82	〃	129	140	14	69	.300	9	③
83	〃	79	71	18	44	.289	—	④
84	〃	115	96	15	51	.297	—	④
85	〃	127	157	35	101	.342	2	①日本一
86	〃	129	127	26	70	.268	21	③
87	〃	130	121	14	58	.255	27	⑥
88	〃	127	121	23	72	.267	19	⑥
89	〃	130	138	24	76	.280	15	⑤
90	〃	130	129	20	75	.265	24	⑥
91	〃	108	92	15	50	.240	27	⑥
92	〃	70	35	2	19	.189	—	②
93	〃	42	9	1	7	.170	—	④
94	オリックス	53	28	2	12	.277	—	②
95	〃	32	7	0	2	.179	—	①
	通算	1639	1520	247	836	.277		

年度別監督成績

年度	球団	試合	勝	敗	分	勝率	順位	打率	防御率	本塁打
04	阪神	138	66	70	2	.485	④	.273	4.08	142
05	〃	146	87	54	5	.617	①	.274	3.24	140
06	〃	146	84	58	4	.592	②	.267	3.13	133
07	〃	144	74	66	4	.529	③	.255	3.56	111
08	〃	144	82	59	3	.582	②	.268	3.29	83
	通算	718	393	307	18	.561				

著者略歴

岡田彰布（おかだ・あきのぶ）

1957年11月25日、大阪府生まれ。北陽高校、早稲田大学を経て、80年、ドラフト1位で阪神タイガースに入団。強打の二塁手として人気を博す。80年に新人王、85年にベストナイン、ダイアモンドグラブ賞を獲得。94年にオリックスへ移籍。95年に引退。オリックス2軍コーチ、阪神2軍監督などを経て、04～08年、第30代阪神タイガース監督を務める。

角川SSC新書056

頑固力
ブレないリーダー哲学

2008年11月28日　第1版発行

著者　岡田彰布

発行者　田口惠司

発行所　株式会社 角川SSコミュニケーションズ
〒101-8467
東京都千代田区神田錦町3-18-3 錦三ビル
編集部　電話03-5283-0265
営業部　電話03-5283-0232

印刷所　株式会社 暁印刷

装丁　Zapp! 白金正之

ISBN978-4-8275-5051-1